2014—2015年
中国工业和信息化发展
系列蓝皮书

2014-2015年中国消费品工业发展蓝皮书

The Blue Book on the Development of Consumer Goods Industry in China（2014-2015）

中国电子信息产业发展研究院　编著

主　编／　王　鹏

副主编／　闫逢柱

人民出版社

责任编辑：邵永忠
封面设计：佳艺堂
责任校对：吕　飞

图书在版编目（CIP）数据

2014～2015年中国消费品工业发展蓝皮书 / 王鹏 主编；

中国电子信息产业发展研究院 编著 . —北京：人民出版社，2015. 7

ISBN 978-7-01-014993-6

Ⅰ . ① 2… Ⅱ . ① 王… ② 中… Ⅲ . ① 消费品工业－工业发展－白皮书－

中国－ 2014 ～ 2015 Ⅳ . ① F426.8

中国版本图书馆 CIP 数据核字（2015）第 141313 号

2014–2015年中国消费品工业发展蓝皮书
2014–2015NIAN ZHONGGUO XIAOFEIPIN GONGYE FAZHAN LANPISHU

中国电子信息产业发展研究院　编著
王　鹏　主编

人民出版社　出版发行
（100706　北京市东城区隆福寺街 99 号）

北京艺辉印刷有限公司印刷　新华书店经销

2015 年 7 月第 1 版　2015 年 7 月北京第 1 次印刷
开本：710 毫米 ×1000 毫米　1/16　印张：15.25
字数：255 千字

ISBN 978-7-01-014993-6　定价：78.00 元

邮购地址　100706　北京市东城区隆福寺街 99 号
人民东方图书销售中心　电话（010）65250042　65289539

代 序

大力实施中国制造2025　加快向制造强国迈进
——写在《中国工业和信息化发展系列蓝皮书》出版之际

制造业是国民经济的主体，是立国之本、兴国之器、强国之基。打造具有国际竞争力的制造业，是我国提升综合国力、保障国家安全、建设世界强国的必由之路。新中国成立特别是改革开放以来，我国制造业发展取得了长足进步，总体规模位居世界前列，自主创新能力显著增强，结构调整取得积极进展，综合实力和国际地位大幅提升，行业发展已站到新的历史起点上。但也要看到，我国制造业与世界先进水平相比还存在明显差距，提质增效升级的任务紧迫而艰巨。

当前，全球新一轮科技革命和产业变革酝酿新突破，世界制造业发展出现新动向，我国经济发展进入新常态，制造业发展的内在动力、比较优势和外部环境都在发生深刻变化，制造业已经到了由大变强的紧要关口。今后一段时期，必须抓住和用好难得的历史机遇，主动适应经济发展新常态，加快推进制造强国建设，为实现中华民族伟大复兴的中国梦提供坚实基础和强大动力。

2015 年 3 月，国务院审议通过了《中国制造 2025》。这是党中央、国务院着眼国际国内形势变化，立足我国制造业发展实际，做出的一项重大战略部署，其核心是加快推进制造业转型升级、提质增效，实现从制造大国向制造强国转变。我们要认真学习领会，切实抓好贯彻实施工作，在推动制造强国建设的历史进程中做出应有贡献。

一是实施创新驱动，提高国家制造业创新能力。把增强创新能力摆在制造强国建设的核心位置，提高关键环节和重点领域的创新能力，走创新驱动发展道路。加强关键核心技术研发，着力攻克一批对产业竞争力整体提升具有全局性影响、带动性强的关键共性技术。提高创新设计能力，在重点领域开展创新设计示范，推广以绿色、智能、协同为特征的先进设计技术。推进科技成果产业化，不断健全以技术交易市场为核心的技术转移和产业化服务体系，完善科技成果转化协同推进机制。完善国家制造业创新体系，加快建立以创新中心为核心载体、以公共服务平台和工程数据中心为重要支撑的制造业创新网络。

二是发展智能制造，推进数字化网络化智能化。把智能制造作为制造强国建设的主攻方向，深化信息网络技术应用，推动制造业生产方式、发展模式的深刻变革，走智能融合的发展道路。制定智能制造发展战略，进一步明确推进智能制造的目标、任务和重点。发展智能制造装备和产品，研发高档数控机床等智能制造装备和生产线，突破新型传感器等智能核心装置。推进制造过程智能化，建设重点领域智能工厂、数字化车间，实现智能管控。推动互联网在制造业领域的深化应用，加快工业互联网建设，发展基于互联网的新型制造模式，开展物联网技术研发和应用示范。

三是实施强基工程，夯实制造业基础能力。把强化基础作为制造强国建设的关键环节，着力解决一批重大关键技术和产品缺失问题，推动工业基础迈上新台阶。统筹推进"四基"发展，完善重点行业"四基"发展方向和实施路线图，制定工业强基专项规划和"四基"发展指导目录。加强"四基"创新能力建设，建立国家工业基础数据库，引导产业投资基金和创业投资基金投向"四基"领域重点项目。推动整机企业和"四基"企业协同发展，重点在数控机床、轨道交通装备、发电设备等领域，引导整机企业和"四基"企业、高校、科研院所产需对接，形成以市场促产业的新模式。

四是坚持以质取胜，推动质量品牌全面升级。把质量作为制造强国建设的生命线，全面夯实产品质量基础，提升企业品牌价值和"中国制造"整体形象，走以质取胜的发展道路。实施工业产品质量提升行动计划，支持企业以加强可靠性设计、试验及验证技术开发与应用，提升产品质量。推进制造业品牌建设，引导企业增强以质量和信誉为核心的品牌意识，树立品牌消费理念，提升品牌附加值和软实力，加大中国品牌宣传推广力度，树立中国制造品牌良好形象。

五是推行绿色制造，促进制造业低碳循环发展。把可持续发展作为制造强国建设的重要着力点，全面推行绿色发展、循环发展、低碳发展，走生态文明的发展道路。加快制造业绿色改造升级，全面推进钢铁、有色、化工等传统制造业绿色化改造，促进新材料、新能源、高端装备、生物产业绿色低碳发展。推进资源高效循环利用，提高绿色低碳能源使用比率，全面推行循环生产方式，提高大宗工业固体废弃物等的综合利用率。构建绿色制造体系，支持企业开发绿色产品，大力发展绿色工厂、绿色园区，积极打造绿色供应链，努力构建高效、清洁、低碳、循环的绿色制造体系。

六是着力结构调整，调整存量做优增量并举。 把结构调整作为制造强国建设的突出重点，走提质增效的发展道路。推动优势和战略产业快速发展，重点发展新一代信息技术产业、高档数控机床和机器人、航空航天装备、海洋工程装备及高技术船舶、先进轨道交通装备、节能与新能源汽车、电力装备、新材料、生物医药及高性能医疗器械、农业机械装备等产业。促进大中小企业协调发展，支持企业间战略合作，培育一批竞争力强的企业集团，建设一批高水平中小企业集群。优化制造业发展布局，引导产业集聚发展，促进产业有序转移，调整优化重大生产力布局。积极发展服务型制造和生产性服务业，推动制造企业商业模式创新和业态创新。

七是扩大对外开放，提高制造业国际化发展水平。 把提升开放发展水平作为制造强国建设的重要任务，积极参与和推动国际产业分工与合作，走开放发展的道路。提高利用外资和合作水平，进一步放开一般制造业，引导外资投向高端制造领域。提升跨国经营能力，支持优势企业通过全球资源利用、业务流程再造、产业链整合、资本市场运作等方式，加快提升国际竞争力。加快企业"走出去"，积极参与和推动国际产业合作与产业分工，落实丝绸之路经济带和21世纪海上丝绸之路等重大战略，鼓励高端装备、先进技术、优势产能向境外转移。

建设制造强国是一个光荣的历史使命，也是一项艰巨的战略任务，必须动员全社会力量、整合各方面资源，齐心协力，砥砺前行。同时，也要坚持有所为、有所不为，从国情出发，分步实施、重点突破、务求实效，让中国制造"十年磨一剑"，十年上一个新台阶！

工业和信息化部部长

2015 年 6 月

前 言

消费品工业是国民经济和社会发展的基础性、民生性、支柱性、战略性产业，涵盖了轻工、纺织、食品、医药等工业门类。改革开放30多年以来，我国消费品工业稳步、快速发展，规模持续壮大，结构不断变化，技术装备水平稳步提高，已经建立了较为完善的产业体系，国际化程度日趋加深，成为世界消费品制造和采购中心，对国内外消费需求的保障和引领作用进一步增强。

2014年是"十二五"规划接近收官的关键之年，面对复杂严峻的国际和国内环境，消费品工业按照稳中求进的工作总基调，以转型升级"6+1"专项行动为抓手，以扩大内需和创新驱动为战略基点，以各项重大政策措施落实为机遇，更加注重推进改革攻坚，更加注重推进产业结构调整，更加注重推进实施扩大内需战略，更加注重推动实施创新驱动战略，更加注重推进应急保障工作，攻坚克难，创新进取，保持了消费品工业持续稳定发展。全年消费品工业增加值同比增长8.35%，略高于全部工业增速0.05个百分点；利润总额同比增长6.0%，高于全国工业2.7个百分点；消费品工业增加值占全部工业的比重达30.7%，占GDP的比重达到11.0%。

进入2015年，我国消费品工业发展面临的形势更加严峻。从国内看，我国消费品工业面临的国内环境存在不少困难。主要是经济下行压力加大，部分企业生产经营困难，传统产业产能过剩，新兴产业有效供给不足，改革攻坚消除隐形壁垒、突破利益藩篱的难度较大，经济领域潜在风险逐渐暴露。从国际看，我国消费品工业面临的外部困难和风险在增多。主要是世界经济总体放缓，全球市场总需求增速下降，全球贸易保护主要抬头，地缘政治等非经济因素干扰全球经济，国际汇率大幅波动，消费品工业出口困难增加。

为全面把握过去一年我国消费品工业的发展态势，总结评述消费品工业领域一系列重大问题，中国电子信息产业发展研究院消费品工业研究所在2014年积极探索实践的基础上，继续组织编撰了《2014—2015年中国消费品工业发展蓝皮书》。该书基于全球化视角，对过去一年中我国及世界主要国家消费品工业的发展态势进行了重点分析，梳理并剖析了国家相关政策及其变化对消费品工业发展的影响，预判了2015年世界主要国家以及主要消费品行业的发展走势。全书共分为综合篇、政策篇、行业篇、区域篇、园区篇、展望篇六个部分。

综合篇。从整体、区域和重点国家重点行业三个层面分析了2014年全球消费品工业的发展情况，然后从发展环境、运行状况以及存在问题三个维度分析2014年我国消费品工业的发展状况。

政策篇。梳理总结了2014年我国消费品工业领域出台的重点政策，并进行评析。然后就2014年我国消费品领域的若干热点事件进行分析，探讨这些事件对我国消费品工业相关行业发展的影响。

行业篇。选取纺织、医药、食品和家电四大消费品行业，分析行业发展态势，剖析存在的突出问题。在发展态势上，重点从运行、效益以及重点产品或重点领域三个维度展开分析。

区域篇。从整体、主要行业、重点省（区、市）三个维度，分析2014年我国东部、中部、西部、东北四大区域消费品工业的发展情况，重点分析运行、出口、效益等指标的基本情况。

园区篇。以新型工业化产业示范基地为蓝本，从整体、重点行业和重点园区三个层面分析我国消费品工业园区发展的基本情况和集群发展态势。重点行业上选取了纺织、医药、食品、轻工四个领域，重点园区上选取了福建泉州纺织服装产业园、吉林长春生物产业园、北京雁栖食品产业园、浙江余姚家电产业园。

展望篇。首先从发展环境和产业政策两个层面对2015年我国消费品工业发展面临的国内外需求及政策走势进行预判。其次，从整体、重点行业和重点区域三个维度对2015年我国消费品工业的发展态势进行预判。

分析新一年我国消费品工业发展，既面临着困难挑战，也不乏有利因素。为促进消费品工业平稳健康发展，必须全面贯彻落实党的十八届三中、四中全会精神，坚持依法行政，主动适应和引领经济发展新常态，着力推进五个方面工作：一是促进改革和立法工作，培育行业发展行动力；二是落实扩大内需战略，增加有效供给；三是促进产业结构优化，推进产业向中高端升级；四是实施创新驱动战略，增强内生发展活力；五是加强消费品质量安全保障能力建设，促进行业健康发展。

　　作为消费品工业领域的一家专业研究机构，中国电子信息产业发展研究院消费品工业研究所拥有一批专业人才，具备了较强的研究能力，成立4年多以来先后承担了多项课题的研究，对我司工作给予了大力支持。此次编撰的《2014—2015年中国消费品工业发展蓝皮书》内容丰富，资料翔实，具有一定参考价值。但由于消费品工业行业众多，国家间、行业间、地区间差异大，需要深入研究探讨和专题研究的问题很多，因此疏漏和不足在所难免，希望读者以爱护和支持的态度不吝批评指正。

目 录

行 业 篇

区 域 篇

综合 篇

第一章　2014年全球消费品工业发展状况

2014年，全球经济增长放缓，制造业陷入低增长陷阱。美国经济增长步伐加快，实现了衰退以来的最快增速2.4%，但美国经济的快速增长并没有带动全球经济强劲复苏，其中欧元区和日本经济增长接近停滞，中国经济亦放缓回落到7.4%，逐步进入"新常态"。受困于消费疲软和消费者信心不足，全球消费品工业增长不乐观。发达经济体消费品工业增速持续下滑，部分行业增长停滞甚至陷入负增长，且形势日益悲观。发展中国家消费品工业增长低于预期，且增速持续下滑。可以预计，随着全球需求继续放缓，特别是中国经济进入"新常态"，加上利率攀高、工资与投入品价格增加、产品出口价格下跌等因素，2015年消费品工业下行压力仍会延续。

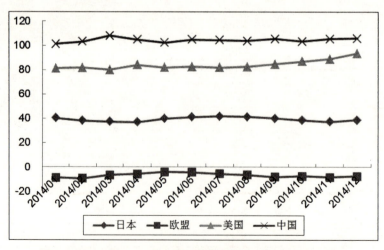

图1-1　2014年1—12月主要经济体消费者信心指数变化情况

数据来源：Wind 数据库，2015 年 3 月。

第一节　整体态势

2014 年，全球制造业陷入低增长陷阱，且增速持续下滑。2014 年 3 季度，整体制造业同比增长 3%，相比 2 季度环比下降 1.1%。在此背景下，消费品工业增长疲软，多数行业低速增长，且增速进一步下滑。

与整体制造业相比，消费品行业增长呈现分化态势。2014 年 3 季度，除烟草、纺织、皮革与鞋帽、木材加工（不含家具）、家具及其他制造业增速高于整体制造业外，增速分别为 7.3、3.8、4.2、3.3 和 6.1%，食品与饮料、服装、造纸、印刷与出版、橡胶与塑料增速均低于整体制造业，增速分别为 2.8%、1.2%、1.4%、1.6% 和 2.9%。

与 1、2 季度相比，多数行业增速持续下滑。相比 2 季度，除烟草、印刷与出版、家具及其他制造业环比分别增长 4.7%、0.2% 和 4.5% 外，食品与饮料、纺织、服装、皮革与鞋帽、木材加工（不含家具）、造纸、橡胶与塑料分别环比下降 3.6%、4.0%、4.5%、2.1%、1.1%、1.9%、1.6% 和 1.1%。

表 1-1　2014 年前 3 季度全球主要消费品行业产出同比增速

行业	2014Q1	2014Q2	2014Q3
食品与饮料	4.0%	4.0%	2.8%
烟草	18.7%	9.4%	7.3%
纺织	4.9%	5.1%	3.8%
服装	7.2%	3.5%	1.2%
皮革与鞋帽	7.1%	4.1%	4.2%
木材加工（不含家具）	3.0%	4.2%	3.3%
造纸	4.9%	1.4%	1.4%
印刷与出版	1.2%	1.3%	1.6%
橡胶与塑料制品	6.2%	4.7%	2.9%
家具及其他制造业	9.0%	5.5%	6.1%
整个制造业	4.8%	3.4%	3.0%

数据来源：UNIDO，2015 年 1 月。

第二节   发达国家与金砖国家及其他发展中国家的比较

在全球制造业低增长背景下，发达国家与发展中国家消费品工业增速放缓，且不同行业增长分化明显。相比较而言，发达国家部分消费品行业增长接近停滞甚至出现负增长，而发展中国家消费品工业增速明显高于发达国家，且没有出现行业负增长现象。

一、发达经济体

2014年，在整体制造业处于低速增长背景下，发达经济体消费品工业增速持续下滑，部分行业增长停滞甚至陷入负增长，且形势日益悲观。

与整体制造业相比，2014年3季度，除食品和饮料、皮革与鞋帽、木材加工（不含家具）、橡胶与塑料、家具与其他制造业增速高于整体制造业外，增速分别为1.3%、1.7%、1.8%、2.6%和2.9%，其他行业均低于整体制造业，特别是烟草、服装、印刷和出版呈现负增长，增速分别为 −2.1%、−5.8% 和 −0.3%。

与1、2季度相比，3季度多数行业增速持续下滑。相比2季度，除木材加工（不含家具）、印刷与出版、橡胶与塑料外环比略有增长外，食品与饮料、烟草、纺织、服装、皮革与鞋帽、造纸、家具及其他制造业分别环比下降0.4%、1.4%、0.9%、3.6%、2.1%、0.7%和0.7%。

从区域角度及其原因来看，发达经济体消费品工业增长的贡献主要来源于美国消费品工业的复苏。由于消费需求疲软、通缩加剧、地缘政治紧张等因素，欧盟消费品工业增长接近停滞。出于走出通缩困境和减少债务目的，日本于4月1日起消费税从5%提升到8%，但该项政策不仅没有达到预期目标，反而抑制了居民消费，导致消费品工业增长亦不乐观。

表1-2   2014年前3季度发达经济体主要消费品行业产出同比增速

行业	2014Q1	2014Q2	2014Q3
食品和饮料	2.1%	2.0%	1.3%
烟草	−2.3%	−1.4%	−2.1%
纺织	2.8%	1.8%	0.9%

（续表）

行业	2014Q1	2014Q2	2014Q3
服装	1.2%	0.8%	−5.8%
皮革与鞋帽	−0.8%	4.4%	1.7%
木材加工（不含家具）	2.6%	2.2%	1.8%
造纸	0.6%	0.0%	0.0%
印刷与出版	−0.3%	−1.0%	−0.3%
橡胶与塑料	5.5%	3.9%	2.6%
家具及其他制造业	4.0%	3.2%	2.9%
整个制造业	2.5%	1.5%	1.2%

数据来源：UNIDO，2015 年 1 月。

二、EIE及其他发展中国家

2014 年，EIE 及其他发展中国家制造业增速下滑，消费品工业增长低于预期，且增速持续下滑。

2014 年 3 季度，EIE 及其他发展中国家整体制造业同比增长 6.9%。与整体制造业相比，消费品工业增长分化，其中，烟草、印刷与出版、家具及其他制造业增速高于整体制造业，增速分别为 8.4%、10.4% 和 9.0%，而食品和饮料、纺织、服装、皮革与鞋帽、木材加工（不含家具）、造纸、橡胶与塑料增速均低于整体制造业，增速分别为 4.8%、4.9%、3.9%、5.1%、6.3%、4.0% 和 3.3%。

与 1、2 季度相比，3 季度多数行业增速持续下滑。相比 2 季度，除烟草、家具及其他制造业分别环比增长 5.4% 和 9.4% 外，食品和饮料、纺织、服装、皮革与鞋帽、木材加工（不含家具）、造纸、印刷与出版、橡胶与塑料分别环比下降 7.3%、5.0%、4.8%、2.2%、4.1%、4.0%、0.8%、4.5% 和 2.5%。

从区域角度及其原因来看，EIE 及其他发展中国家消费品工业增速走低主要原因是中国和拉丁美洲消费品工业增速下滑。特别是拉丁美洲，许多国家经济陷入衰退，包括阿根廷、巴西和智利。拉丁美洲虽然在金融危机中保持了较高增速，吸引了发达国家和中国的资本投资，但是受制于该区域内需求不足，外资流入减缓，加上通胀率和利率升高抬高了中间投入品价格，消费品工业增速放缓。

5

表1-3　2014年前3季度EIE及其他发展中国家主要消费品行业产出同比增速

行业	2014Q1	2014Q2	2014Q3
食品和饮料	6.3%	6.4%	4.8%
烟草	22.0%	10.8%	8.4%
纺织	5.7%	6.2%	4.9%
服装	9.5%	4.5%	3.9%
皮革与鞋帽	10.8%	3.9%	5.1%
木材加工（不含家具）	3.9%	8.0%	6.3%
造纸	13.1%	4.1%	4.0%
印刷与出版	9.6%	11.8%	10.4%
橡胶与塑料	7.5%	5.9%	3.3%
家具及其他制造业	13.9%	7.7%	9.0%
整个制造业	8.6%	7.3%	6.9%

数据来源：UNIDO，2015年1月。

三、主要国家重点行业情况

（一）纺织服装业

1. 意大利

意大利服装品牌全球出名，包括阿玛尼（Armani）、范思哲（Versace）、Gucci、Prada、杜嘉班纳（Dolce & Gabbana）、Missoni、杰尼亚（Zegna）、Diesel等知名品牌。依托其品牌优势，纺织服装工业在意大利制造业中占有重要地位，特别是服装行业。2012年，意大利纺织服装工业企业数量47667家，产值508亿欧元，就业人数354496人，分别占制造业的11.4%、5.9%和9.2%。

表1-4　意大利纺织与服装行业生产指标

	制造业	纺织	服装
企业数量（家）	417306	15291	32376
销售收入（亿欧元）	9061.7	213.9	299.0
产值（亿欧元）	8688.5	214.1	294.1
就业人数（人）	3846840	136464	218032

数据来源：Eurostat，2015年2月。

意大利是全球重要的纺织与服装行业出口大国，纺织与服装均居全球领先地位。2013年，意大利纺织、服装出口分别居全球第四位、第二位。纺织行业总出口174.15亿美元，其中前十大出口国或地区分别为德国、法国、罗马尼亚、西班牙、英国、美国、中国香港、瑞士、土耳其和俄罗斯，累计份额为56.38%。服装行业总出口180.22亿美元，其中前十大出口国或地区分别为法国、德国、瑞士、美国、俄罗斯、英国、中国香港、日本、西班牙、中国，累计份额为67.96%。

表1-5　2013年意大利纺织行业出口情况

	出口（亿美元）	占总出口份额（%）
德国	20.1	11.5
法国	18.2	10.4
罗马尼亚	10.2	5.9
西班牙	9.9	5.7
英国	8.7	5.0
美国	7.5	4.3
中国香港	6.7	3.8
瑞士	6.0	3.5
土耳其	5.6	3.2
俄罗斯	5.3	3.1

数据来源：Comtrade，2015年2月。

表1-6　2013年意大利服装行业出口情况

	出口（亿美元）	占总出口份额（%）
法国	19.3	10.7
德国	15.7	8.7
瑞士	14.7	8.1
美国	14.5	8.0
俄罗斯	13.9	7.7
英国	10.8	6.0
中国香港	10.5	5.8
日本	9.3	5.2
西班牙	8.5	4.7
中国	5.2	2.9

数据来源：Comtrade，2015年2月。

2014 年, 意大利经济更加不景气, 四个季度 GDP 增长率分别为 0.2%、-0.2%、0.2%、0.3%, 其中前三个季度均低于 2013 年同期。宏观经济的不景气背景下, 居民消费支出增长接近停滞, 甚至负增长, 四个季度居民消费指数分别同比增长 0.1%、0.0%、-0.1% 和 0.1%, 亦整体低于 2013 年同期。纺织服装行业作为重要的消费品行业, 与宏观经济走势密切相关。

从生产来看, 意大利纺织服装工业增长乏力, 恢复至 2010 年的水平仍待时日。2014 年 1—11 月, 纺织服装工业生产指数呈现下滑态势, 各月均低于 90, 相比 2013 年, 整体变化不大。相比整体制造业, 纺织服装工业相对更加不景气。2014 年 1—11 月, 纺织服装工业生产指数各月均低于同期整体制造业, 当然整体制造业亦增长乏力, 各月生产指数略大于 90。分行业来看, 纺织行业与服装行业均不景气, 特别是服装行业。1—11 月, 服装行业生产指数由 84.4 降低到 74.7, 而纺织行业生产指数在 90 左右波动。

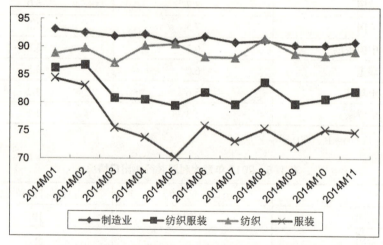

图1-2　2014年1—11月意大利纺织服装行业生产指数变化情况

数据来源：Eurostat, 2015 年 2 月。

从销售来看, 意大利纺织服装销售略好于 2013 年, 但表现差于整体制造业。1—11 月, 纺织服装工业销售收入指数整体呈温和上升态势, 相比 2013 年, 除 8 月份外, 各月均高于 2013 年同期。但相比整体制造业, 各月销售收入指数均低于制造业同期水平, 但整体制造业亦没有恢复至 2010 年的销售水平。分行业来看, 虽然服装行业销售整体呈现弱上升态势, 但仍不及纺织行业, 纺织行业销售已恢复至 2010 年的水平。分销售目的地来看，国内销售依然延续不景气态势，而纺织服装国外销售已经超过 2010 年的生产水平，销售收入指数达到 120。

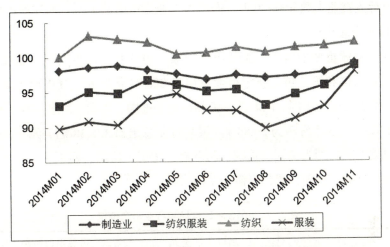

图1-3　2014年1—11月意大利纺织服装行业销售收入指数变化情况

数据来源：Eurostat，2015 年 2 月。

从价格来看，纺织服装价格变化不大，略好于 2013 年。1—12 月，纺织服装价格指数均为 107 左右，各月相比 2013 年同期略有上升。分行业来看，纺织行业与服装行业价格走势与纺织服装工业价格走势相同，都表现为今年各月变化不大，略高于 2013 年同期。

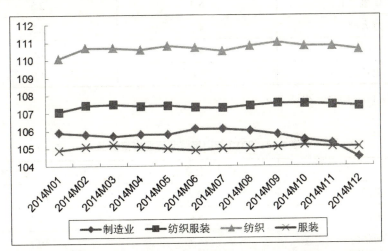

图1-4　2014年1—12月意大利纺织服装行业出厂价格指数变化情况

数据来源：Eurostat，2015 年 2 月。

2. 印度

纺织服装工业是印度的重要经济支柱,也是最大的出口创汇部门之一。目前,印度纺织行业就业人数 4500 万人,产值占工业总产值的 14%,增加值占 GDP 的 4%,出口约为总出口的 12%。

印度是全球重要的纺织、服装出口国家。2013 年,印度纺织、服装出口分别居全球第二位和第三位。纺织行业总出口 208.73 亿美元,其中前十大出口国或地区分别为美国、中国、阿联酋、孟加拉国、德国、英国、斯里兰卡、意大利、法国、土耳其,累计份额为 59.85%。服装行业总出口 138.38 亿美元,其中前十大出口国或地区分别为美国、英国、阿联酋、德国、法国、西班牙、意大利、荷兰、沙特阿拉伯、丹麦,累计份额为 73.42%。

表 1-7　2013 年印度纺织行业出口情况

	出口（亿美元）	占总出口份额（%）
美国	43.0	20.6
中国	21.3	10.2
阿联酋	13.0	6.2
孟加拉国	11.5	5.5
德国	9.3	4.5
英国	9.0	4.3
斯里兰卡	5.3	2.5
意大利	4.7	2.3
法国	4.2	2.0
土耳其	3.6	1.7

数据来源：Comtrade，2015 年 2 月。

表 1-8　2013 年印度服装行业出口情况

	出口（亿美元）	占总出口份额（%）
美国	30.7	22.2
英国	15.6	11.3
阿联酋	14.7	10.7
德国	11.6	8.3

（续表）

	出口（亿美元）	占总出口份额（%）
法国	7.3	5.3
西班牙	6.6	4.8
意大利	5.1	3.7
荷兰	4.4	3.2
沙特阿拉伯	2.9	2.1
丹麦	2.7	2.0

数据来源：Comtrade，2015 年 2 月。

进入2014年，从生产来看，纱线增速大幅放缓。4—10月，纱线产量315.3万吨，相比2013年同期增长2%。其中，棉纱、混纺纱、化纤纱产量分别为232.5万吨、52.8万吨和30万吨，分别同比增长2%、4%和10%。

从价格来看，除部分化纤产品外，国内需求放缓导致纱线价格持续下降，进而拉动原材料棉花价格下降。1—12月，棉纱价格由249.41卢比／千克降低到229.24卢比／千克，混纺纱由220卢比／千克降低到190卢比／千克，棉花由116.03卢比／千克降低到91.29卢比／千克，而变形纱价格略有上涨，由119.5卢比／千克上涨至122.8卢比／千克。

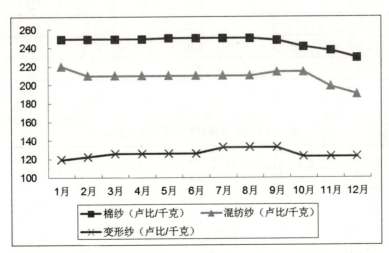

图1-5　2014年1—12月印度纺织服装行业出厂价格指数变化情况

数据来源：印度纺织部，2015 年 2 月。

3. 越南

2013 年，纺织和服装工业产值分别为 1743118 亿盾、2052041 亿盾，分别占制造业的 3.6% 和 4.3%。

凭借着原料和劳动力成本优势，纺织行业与服装行业成为越南的传统优势出口部门。2013 年，越南纺织行业总出口 78.22 亿美元，其中前十大出口国或地区分别为美国、日本、中国、韩国、土耳其、柬埔寨、印度尼西亚、加拿大、德国、泰国，累计份额为 80.31%。2013 年，越南服装行业总出口 133.98 亿美元，其中前十大出口国或地区分别为美国、日本、韩国、德国、西班牙、英国、加拿大、中国、荷兰、法国，累计份额为 88.92%。

表 1-9　2013 年越南纺织行业出口情况

	出口（亿美元）	占总出口份额（%）
美国	27.07	34.6
日本	10.72	13.7
中国	9.95	12.7
韩国	6.33	8.1
土耳其	2.13	2.7
柬埔寨	1.93	2.5
印度尼西亚	1.52	1.9
加拿大	1.22	1.6
德国	1.10	1.4
泰国	0.85	1.1

数据来源：Comtrade，2015 年 2 月。

表 1-10　2013 年越南服装行业出口情况

	出口（亿美元）	占总出口份额（%）
美国	64.67	48.3
日本	16.14	12.0
韩国	14.12	10.5
德国	5.93	4.4
西班牙	4.88	3.6
英国	4.19	3.1
加拿大	3.03	2.3

（续表）

	出口（亿美元）	占总出口份额（%）
中国	2.36	1.8
荷兰	2.19	1.6
法国	1.62	1.2

数据来源：Comtrade，2015 年 2 月。

2014 年，越南经济快速增长，增速持续上升。GDP 同比增长 5.98%，实现了近三年的最高增速，分别高于 2012 年的 5.25% 和 2013 年的 5.42%，其中四个季度分别同比增长 5.06%、5.34%、6.07% 和 6.96%。

从生产来看，受益于经济快速增长，纺织服装工业以及整个制造业呈现出良好的增长态势。2014 年，纺织行业与服装行业产量分别同比增长 21.8% 和 10.4%。1—12 月，纺织行业生产指数从 79.4 上升到 121.8，服装行业生产指数从 118 上升到 132.3。与 2013 年相比，纺织与服装各月生产指数均高于 2013 年同期。与整体制造业相比，纺织行业、服装行业生产指数分别高 12.1 和 3.1。从主要产品来看，棉织品和化纤织物产量分别为 331.8 MN m^2、727.9 MN m^2，相比 2013 年分别同比增长 16.9% 和 5.4%，衣服产量 2980.2 百万件，同比增长 9.1%。生产的快速增长带动了就业增长。相比 2013 年，2014 年纺织品与服装的就业指数分别为 105.6 和 106.6。

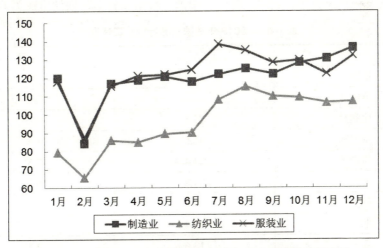

图1-6　2014年1—12月越南纺织服装行业生产指数变化情况

数据来源：越南统计局，2015 年 2 月。

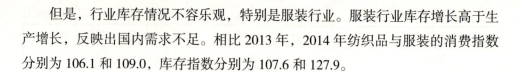

但是，行业库存情况不容乐观，特别是服装行业。服装行业库存增长高于生产增长，反映出国内需求不足。相比 2013 年，2014 年纺织品与服装的消费指数分别为 106.1 和 109.0，库存指数分别为 107.6 和 127.9。

（二）食品工业

1. 法国

法国是欧盟第二大食品市场，其食品工业在制造业中的地位非常重要，特别是食品行业。2012 年，法国食品行业的企业数量、产值和就业人数分别为 57475 个、1352.6 亿欧元和 561001 人，分别占整体制造业的 26.4%、17.0% 和 18.5%。

表 1-11　2012 年法国食品工业经济指标

	制造业	食品	饮料
企业数量（个）	217865	57475	3117
销售收入（亿欧元）	8952.3	1518.0	266.4
产值（亿欧元）	7658.9	1352.6	242.8
就业人数（人）	3029253	561001	51694

数据来源：Eurostat，2015 年 2 月。

2013 年，法国食品出口 551.9 亿美元，位居全球第四。从出口目的地来看，法国食品主要出口到发达国家，其中前十大出口国或地区分别为德国、英国、比利时、意大利、西班牙、美国、荷兰、中国、瑞士、日本，累计份额为 68.20%。

表 1-12　2013 年法国食品行业出口情况

	出口（亿美元）	占总出口份额（%）
德国	61.2	11.1
英国	61.0	11.1
比利时	57.1	10.3
意大利	46.5	8.4
西班牙	41.4	7.5
美国	34.8	6.3
荷兰	27.9	5.1
中国	19.4	3.5
瑞士	13.6	2.5
日本	13.5	2.4

数据来源：Comtrade，2015 年 2 月。

2014年，受制于居民消费需求和政府支出增长接近停滞，法国经济缓慢增长，但在投资增长带动下经济略好于2013年同期。四个季度GDP增长率分别为0.5%、0.1%、0.1%和0.5%，投资分别增长0.2%、0.2%、0.6%和0.5%。

与宏观经济走势类似，食品工业缓慢复苏，但复苏迹象依然脆弱。从生产来看，法国食品工业生产整体呈下行态势，但略好于制造业整体水平。与2013年相比，2014年食品工业略好于2013年，但仍未达到2010年的生产水平。2014年1—11月，食品工业生产指数在100左右小幅波动，除5月、8月和11月外，其他月份均略高于2013年同期。相比整体制造业，食品工业生产指数均高于整体制造业。食品和饮料生产情况均接近食品工业整体生产水平，但饮料生产情况相对好于食品。

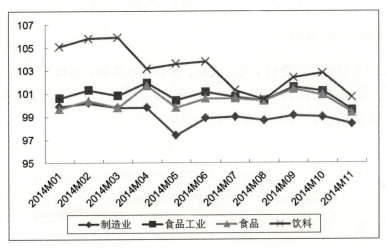

图1-7　2014年1—12月法国食品工业生产指数变化情况

数据来源：Eurostat，2015年2月。

从销售来看，食品工业销售情况略好于2013年。2014年1—11月，各月食品工业销售收入指数约为115，除5月、7月、8月外，各月销售收入指数均高于2013年同期。同样，食品工业销售情况好于整体制造业。分销售区域来看，国外销售情况显著好于国内销售，且好于2013年同期。

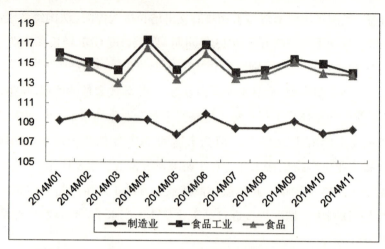

图1-8　2014年1—12月法国食品工业销售收入指数变化情况

数据来源：Eurostat，2015 年 2 月。

从价格走势来看，受制于需求疲软，价格持续走低。2014 年 1—12 月，食品价格出厂价格指数在 110 左右波动，整体呈下行态势。食品与饮料价格走势相对分化，食品价格持续下行，而饮料价格不断回升。

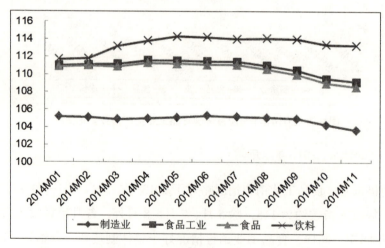

图1-9　2014年1—12月法国食品工业出厂价格指数变化情况

数据来源：Eurostat，2015 年 2 月。

2. 英国

食品工业是英国制造业中的重要部门，特别是食品行业。2012 年，英国食品行业的企业数量、产值和就业人数分别为 6889 个、849.44 亿欧元和 368140 人，分别占整体制造业的 5.4%、14.7% 和 14.8%。

表 1-13　2012 年英国食品工业经济指标

	制造业	食品	饮料
企业数量（个）	127905	6889	1339
销售收入（亿欧元）	6147.8	913.8	—
产值（亿欧元）	5784.6	849.4	—
就业人数（人）	2482898	368140	44120

数据来源：Eurostat，2015 年 2 月。

从出口目的地来看，英国食品工业出口集中度较高，主要集中在欧盟内部的爱尔兰、法国、荷兰和德国四国。2013 年，英国食品工业总出口 161.89 亿美元，其中前十大出口国或地区分别为爱尔兰、法国、荷兰、德国、西班牙、比利时、意大利、瑞典、丹麦、波兰，累计份额为 90.99%，其中爱尔兰、法国、荷兰、德国四国累计份额为 68.19%。

表 1-14　2013 年英国食品行业出口情况

	出口（亿美元）	占总出口份额（%）
爱尔兰	48.0	29.6
法国	27.4	16.9
荷兰	17.6	10.9
德国	17.5	10.8
西班牙	9.7	6.0
比利时	9.0	5.5
意大利	7.2	4.4
瑞典	4.0	2.5
丹麦	3.7	2.3
波兰	3.3	2.1

数据来源：Eurostat，2015 年 2 月。

2014 年，英国经济恢复进程加快，政府支出与居民消费亦表现不错，但下半年受制于投资下降，经济存在下行压力。四个季度 GDP 增长率分别为 1.8%、2.7%、2.6% 和 0.4%，投资增长率分别为 2.4%、8.2%、−2.1% 和 −1.3%。

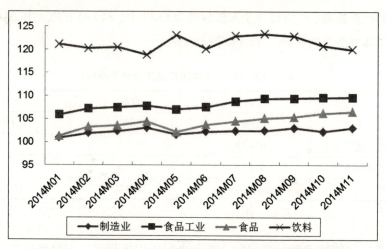

图1-10 2014年1—12月英国食品工业生产指数变化情况

数据来源：Eurostat，2015 年 2 月。

食品工业生产恢复加快，但价格仍延续下行态势。从生产来看，食品工业生产好于 2013 年。2014 年 1—11 月，食品工业生产指数持续增加，从 105.9 增加到 109.7，各月生产指数均高于 2013 年同期。与整体制造业相比，食品工业亦呈现出较好的恢复态势。相比制造业，食品工业生产指数各月均高于同期制造业 5.0 左右。分产品来看，食品与饮料增长显著分化。2014 年 1—11 月，各月饮料生产指数均在 120 左右，而食品各月均低于 107。

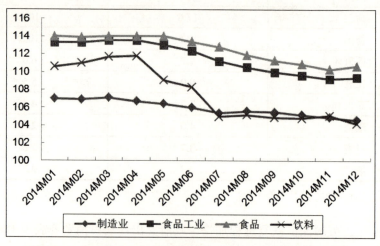

图1-11 2014年1—12月英国食品工业出厂价格指数变化情况

数据来源：Eurostat，2015 年 2 月。

从价格来看，食品价格仍维持低位。2014 年 1—12 月，食品工业出厂价格指数持续走低，从 113.3 降低到 109.4，而且多个月份低于 2013 年同期。分产品来看，食品与饮料价格继续延续 2013 年的下行态势。2014 年 1—12 月，食品出厂价格指数从 114.0 降低到 110.7，饮料出厂价格指数从 110.0 降低到 104.2。

（三）医药工业

1. 德国

德国是全球第三大、欧盟第一大医药市场，其中 2013 年医药市场规模为 551.6 亿美元。自欧元区经济危机以来，德国医药工业增速放缓。特别是 2013 年，国内通过延长药品价格控制的法案。根据该法案，拥有专利权的昂贵药品的价格仍将会维持在 2009 年水平，该项法案使部分医药企业收入和利润减少。

德国医药工业是制造业的重要经济部门，企业平均产值显著高于整体制造业。2013 年，德国医药企业 568 家，其中基本药物企业和制剂企业分别为 75 家和 492 家；产值 413.5 亿欧元，其中基本药物和制剂产值分别为 12.9 亿和 400.6 亿欧元；就业 12.14 万人，其中基本药物和制剂就业人员分别为 6061 人和 11.54 万人。与整体制造业相比，医药企业数量占制造业的 0.28%，但产值达到 2.47%，医药企业平均产值为整体制造业的 9 倍。

表 1-15　2012 年德国医药工业经济指标

	制造业	医药工业	基本药物	制剂
企业数量（个）	203796	568	75	492
销售收入（亿欧元）	18737.5	456.8	13.5	443.2
产值（亿欧元）	16735.3	413.5	12.9	400.6
就业人数（人）	7143573	121443	6061	115382

数据来源：Eurostat，2015 年 2 月。

从行业结构来看，德国医药企业以小企业为主，市场竞争较为激烈。2012 年，德国企业 561 家，250 人以上的企业 84 家，仅占比 15.0%。但从产值来看，这 84 家就业人数 250 人以上的企业总产值占总产值比例达到 88.56%。主要医药企业包括勃林格殷格翰、默克集团、拜耳医药保健、Noxxon Pharma 等全球知名企业。

德国是全球第一大医药出口国，占全球总出口的 15% 左右。从出口目的地来看，凭借着产品质量优势，德国医药主要出口到发达国家。2013 年，德国医药总出口 778.48 亿美元,其中前十大出口国或地区分别为美国、荷兰、英国、瑞士、比利时、法国、意大利、俄罗斯、日本、奥地利,累计份额为 67.21%。

表 1-16 2013 年德国医药工业出口情况

	出口(亿美元)	占总出口份额(%)
美国	112.6	14.5
荷兰	87.6	11.3
英国	69.1	8.9
瑞士	50.7	6.5
比利时	49.1	6.3
法国	44.9	5.8
意大利	33.5	4.3
俄罗斯	28.5	3.7
日本	24.5	3.1
奥地利	22.7	2.9

数据来源:Comtrade,2015 年 2 月。

2014 年,受制于居民消费支出增速放缓,德国经济低速增长,略低于 2013 年同期。四个季度 GDP 增长率分别为 0.5%、0.6%、0.1% 和 0.4%,居民消费支出增长率分别为 0.1%、0.2%、0.3% 和 –0.1%。

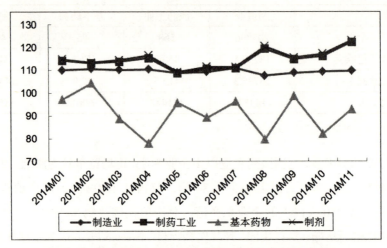

图1-12 2014年1—12月德国制药工业生产指数变化情况

数据来源:Eurostat,2015 年 2 月。

德国医药工业恢复加快，主要经济指标好于 2013 年。从生产来看，制药工业生产明显好于 2013 年。2014 年各月生产指数均高于 2013 年，且除 5 月份生产指数为 108.7 外，其他各月生产指数均高于 110，其中 11 月生产指数达到了 122.3。与整体制造业相比，制药工业生产好于整体制造业。除 5 月份和 7 月份生产指数分别低于 0.2 和 0.3 外，其他月份均高于整体制造业。从制药工业的结构来看，制药工业生产增加的贡献主要来源于制剂部门，而基本药物部门生产不乐观，不仅没有恢复到 2010 年的生产水平，且低于 2013 年同期。

从销售来看，销售亦好于 2013 年。2014 年各月销售收入指数均高于 110，与 2013 年相比，除 11 月略低于 2013 年 1.9 外，其他各月均高于 2013 年同期。与整体制造业相比，制药工业销售好于整体制造业，除 2 月份销售收入指数比整体制造业低 0.1 外，其他月份均高于同期整体制造业。从制药工业的结构来看，与生产情况不同，制药工业销售增加的贡献主要来源于基本药物，而非制剂。与医药工业相比，基本药物销售收入指数除 11 月份外，其他各月均高于同期医药工业。与制剂相比，基本药物多数月份明显高于同期制剂，特别是 7 月份，基本药物销售收入指数高于制剂 34.1。从销售目的地来看，销售收入的增加主要来源于国外销售，而不是国内销售。与国内销售收入指数相比，国外销售收入指数各月明显高于国内，各月均高于 20.0 以上。

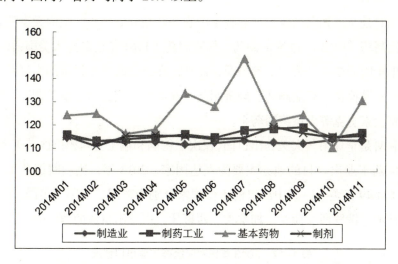

图1-13　2014年1—12月德国制药工业销售收入指数

数据来源：Eurostat，2015 年 2 月。

从就业和产品价格来看，就业情况和出厂价格亦好于 2013 年。与 2013 年相比，就业指数和出厂价格指数各月均高于 2013 年同期。分产品来看，基本药物和制剂出厂价格指数均好于 2013 年，特别是基本药物。

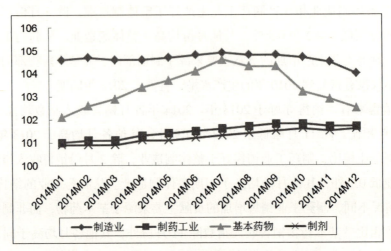

图1-14 2014年1—12月德国制药工业出厂价格指数

数据来源：Eurostat，2015 年 2 月。

2. 比利时

比利时是全球知名的制药产业技术中心和药品分销中心。国内大型药企主要为优时比制药（UCB）、欧米茄制药、杨森制药（1961 年已经并入美国强生集团，属于强生集团的全资子公司）等公司，此外，在比利时大量投资的大型跨国药企有百特、先灵葆雅、辉瑞制药、健赞制药、赛诺菲 – 安万特、罗氏制药、雅培公司以及葛兰素史克等大型跨国药企。

比利时是全球第三大医药出口国，仅次于德国和瑞士。与德国医药工业类似，比利时医药工业出口目的地亦主要为发达国家。2013 年，比利时医药工业总出口额为 574.49 亿美元，其中出口前十位国家分别为德国、法国、美国、意大利、英国、日本、俄罗斯、荷兰、加拿大、西班牙，占总出口额的 70.36%。

表 1-17 2013 年比利时医药工业出口情况

	出口（亿美元）	占总出口份额（%）
德国	85.6	14.9
法国	80.4	14.0

（续表）

	出口（亿美元）	占总出口份额（%）
美国	75.8	13.2
意大利	45.8	8.0
英国	37.4	6.5
日本	18.4	3.2
俄罗斯	18.0	3.1
荷兰	14.7	2.6
加拿大	14.2	2.5
西班牙	13.8	2.4

数据来源：Comtrade，2015 年 2 月。

目前，医药工业产值和就业人数均约为整体制造业的 4%。从市场结构和企业结构来看，比利时医药企业以中小企业为主，大企业垄断了医药市场，其中制剂为医药工业的主要产品。2012 年，比利时医药工业企业 115 家，超过 250 人企业 9 家，这 9 家企业产值占整个行业产值的 93.45%。分产品来看，整体制剂企业生产效率显著高于基本药物生产企业。82 家制剂企业产值为 115.96 亿欧元，而 33 家基本药物生产企业产值仅为 1.13 亿欧元。

表 1-18　2013 年比利时医药工业经济指标

	制造业	医药工业	基本药物	制剂
企业数量（个）	33757	115	33	82
销售收入（亿欧元）	2622.8	96.8	1.1	95.7
产值（亿欧元）	2635.5	117.1	1.1	116.0
就业人数（人）	514855	20814	549	20265

数据来源：Eurostat，2015 年 2 月。

2014 年，比利时经济增长接近停滞，整体低于 2013 年同期，四个季度 GDP 增长率分别为 0.0%、-0.1%、0.8% 和 -0.1%。

从生产来看，医药工业快速增长，情况显著好于 2013 年。2014 年 1—11 月，医药工业生产指数快速上涨，由 1 月份的 128.2 上涨到 11 月份的 170.6。相比 2013 年，除 7 月份低于 2013 年同期 4.6 外，其他月份生产指数均高于 2013 年。与整体制造业相比，医药工业增长迅速，在制造业的地位进一步提升。各月医药工业生产指数均高于整体制造业，尤其是下半年，医药工业增速优势尤为明显。

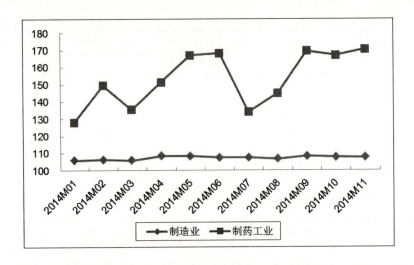

图1-15 2014年1—12月比利时制药工业生产指数

数据来源：Eurostat，2015 年 2 月。

从销售来看，医药销售稳步增加，情况亦明显好于 2013 年。2014 年 1—11 月，医药销售收入指数由 102.1 稳步上涨到 134.8。相比 2013 年，除 1 月和 4 月医药销售收入指数分别低于 2013 年同期 4.2 和 3.8 外，其他月份均高于 2013 年同期，特别是 9 月份该指数高于 2013 年同期 37.4。与整体制造业相比，医药销售呈现良好态势，除 1 月份外，其他各月销售收入指数均高于同期整体制造业。

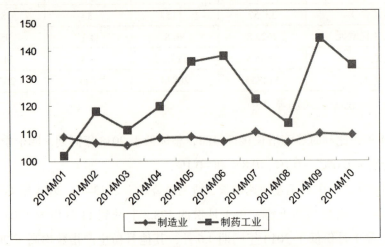

图1-16 2014年1—12月比利时制药工业销售收入指数

数据来源：Eurostat，2015 年 2 月。

从出厂价格来看，由于专利到期和成本控制措施因素，医药价格逐渐走低。2014 年 1—12 月，医药出厂价格指数变化不大，略有走低，但波动在 92 左右。与 2013 年相比，今年药品价格整体低于 2013 年同期，甚至不及 2010 年水平，各月出厂价格指数均低于 2013 年同期 5% 左右。整体制造业与药品出厂价格走势类似，略有走低，但是其整体价格水平仍高于 2010 年。

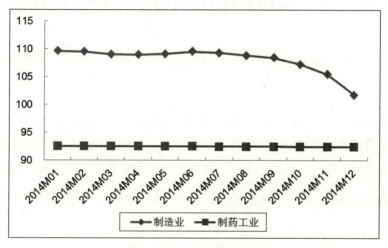

图1-17　2014年1—12月比利时制药工业出厂价格指数

数据来源：Eurostat，2015 年 2 月。

第二章 2014年中国消费品工业发展状况

2014年是国家稳增长、调结构、促改革的重要一年。虽然国内经济运行平稳，国际市场回暖，消费信心回升，但消费品工业生产增速依然出现小幅下滑，出口交货值增速低位运行，内需动力仍显不足，固定资产投资有所放缓。因此，仍需从财税政策、改善外贸环境、扩大内需和调结构等方面加大政策支持。

第一节 发展状况

一、运行情况

（一）生产增速整体放缓

2014年1—12月，消费品工业增加值增速整体呈明显的下滑态势，轻工、医药和纺织三大行业工业增加值增速分别为8.2%、12.5%和7%，分别较2013年同期下降1.7个、0.2个和1.3个百分点，除医药行业增速高于工业平均增速外，轻工和纺织行业增速低于工业平均增速。各子行业看，酒、饮料和精制茶制造业、橡胶和塑料制品、纺织业以及化学纤维制造等四大行业下滑最为明显，分别较2013年同期下降3.7个、2.1个、2.0个和1.8个百分点。

表2-1 2014年1—12月主要消费品行业工业增加值增速

行业	1—6月	1—9月	1—12月	2013年1—12月
工业	8.8%	8.5%	8.3%	9.7%
轻工	8.7%	8.4%	8.2%	9.9%
农副食品加工	8.6%	8.0%	7.7%	9.4%

（续表）

行业	1—6月	1—9月	1—12月	2013年1—12月
食品制造	8.9%	8.7%	8.6%	10.0%
酒、饮料和精制茶	8.4%	7.2%	6.5%	10.2%
造纸及纸制品	7.3%	6.9%	6.5%	8.4%
橡胶和塑料制品业	9.6%	9.0%	8.6%	10.7%
医药	13.5%	12.8%	12.5%	12.7%
纺织	7.5%	7.2%	7.0%	8.3%
纺织业	6.9%	6.5%	6.7%	8.7%
纺织服装、服饰	8.4%	7.9%	7.2%	7.2%
化学纤维	8.0%	7.9%	8.5%	10.3%

数据来源：国家统计局，2015年1月。

（二）出口增速低位运行

2014年1—12月，消费品工业除轻工的部分行业外，医药和纺织出口交货值增速不断下滑。与工业整体水平相比，除轻工出口交货值增速大于工业整体水平外，医药和纺织出口交货值同比增速分别为6.4%和2.2%，均不高于工业整体水平的6.4%，消费品工业出口形势不容乐观。值得关注的是，子行业中，除文教、工美、体育和娱乐用品制造业的出口交货值增速势头较好，其他行业均呈现不同程度的下滑。其中，下滑最为明显的行业是纺织业、服装鞋帽、农副食品加工以及食品制造业等，四大行业分别较2013年同期下降6.3个、4.4个、4.4个和4.2个百分点。

表2-2　2014年1—12月主要消费品行业出口交货值同比增速

行业	1—6月	1—9月	1—12月	2013年1—12月
工业	5.3%	6.4%	6.4%	5.0%
轻工	5.5%	6.5%	7.2%	5.8%
农副食品加工业	6.9%	6.3%	4.4%	8.8%
食品制造	7.6%	3.8%	4.5%	8.7%
酒、饮料和精制茶	7.4%	11.0%	5.0%	5.2%
皮革、毛皮、羽毛及其制品和制鞋业	8.4%	6.8%	5.7%	5.8%

（续表）

行业	1—6月	1—9月	1—12月	2013年1—12月
家具制造业	5.9%	6.5%	4.9%	6.9%
造纸及纸制品	9.2%	5.9%	4.0%	4.1%
印刷和记录媒介复制业	5.8%	8.5%	8.2%	−0.7%
文教、工美、体育用品	6.7%	11.7%	18.6%	5.8%
家用电器	2.4%	4.8%	5.4%	6.3%
医药	5.4%	5.7%	6.4%	6.0%
纺织	3.6%	2.9%	2.2%	7.2%
纺织业	1.2%	1.7%	1.0%	7.3%
服装、鞋、帽制造业	5.4%	3.8%	3.0%	7.4%
化学纤维	4.2%	4.7%	3.1%	4.0%

数据来源：国家统计局，2015年1月。

（三）固定资产投资增速放缓

2014年1—12月，我国消费品各行业投资增速有所放缓。1—12月，除食品制造业、印刷和记录媒介复制业、文教工美体育和用品制造业外，其他行业固定资产投资较2013年同期有明显下滑，其中，下滑最为明显是皮革、毛皮、羽毛及制鞋业、医药制造业、酒、饮料和精制茶以及造纸及纸制品以及等行业，分别较2013年同期下降14.7个、13.5个、12.4个和11.4个百分点。

表2-3　2014年1—12月主要消费品行业固定资产投资增速

行业	1—6月	1—9月	1—12月	2013年1—12月
农副食品加工	20.6%	16.6%	18.7%	26.5%
食品制造业	22.8%	25.0%	22.0%	20.7%
酒、饮料和精制茶	21.2%	16.3%	16.9%	30.4%
纺织业	14.9%	12.6%	12.4%	18.3%
纺织服装、服饰	20.0%	18.2%	19.2%	23.6%
皮革、毛皮、羽毛及制鞋业	15.8%	20.2%	15.6%	30.3%
家具制造业	28.6%	29.1%	27.1%	27.2%
造纸及纸制品	13.8%	8.8%	6.4%	18.8%
印刷和记录媒介复制业	27.5%	28.6%	26.8%	22.0%

（续表）

行业	1—6月	1—9月	1—12月	2013年1—12月
文教、工美、体育和娱乐用品	27.7%	27.6%	26.9%	24.1%
医药制造业	16.4%	14.4%	15.1%	26.5%

数据来源：国家统计局，2015 年 1 月。

（四）内需增长有所放缓

2014 年，受国民经济下行压力加大和工资收入放缓影响，内需增速依然回落。消费需求方面，消费者信心指数基本稳定，自 2014 年 3 月份以来，我国居民消费信心指数和消费满意指数同比增长均为正增长，其中，12 月份消费者信心指数为 105.8，高于 2013 年同期的 102.3，消费者对未来的消费预期表现乐观。从社会消费品零售额看，2014 年以来我国全社会消费品零售总额同比增速比较稳定，1—12 月，我国社会消费品零售总额 26.2 万亿元，同比增长 12.0%，低于 2013 年同期 1.1 个百分点。

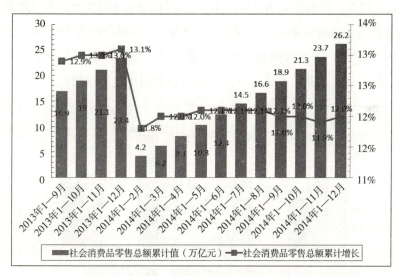

图2-1　2013—2014年全社会消费品零售总额累计同比增速

数据来源：国家统计局，2015 年 1 月。

二、经济效益情况

（一）盈利能力分析

2014 年 1—12 月，消费品工业累计实现主营业务收入 320587.2 亿元，利润总额达到了 21154.9 亿元。

表 2-4　消费品工业盈利能力

	主营业务收入（亿元）	主营业务收入同比增速（%）	利润总额（亿元）	利润总额同比增速（%）
轻工	220146.1	8.7	13807.3	5.3
烟草	8906.1	7.4	1215.8	0.2
医药	25461.6	13.1	2541.4	12.1
纺织	66073.4	6.9	3590.4	6.5

数据来源：国家统计局，2015 年 1 月。

就子行业来看，2014 年 1—12 月，轻工行业企业实现主营业务收入为 220146.1 亿元，同比增长 8.7%，利润总额为 13807.3 亿元，同比增长 5.3%；烟草行业企业实现主营业务收入为 8906.1 亿元，同比增长 7.4%，利润总额为 1215.8 亿元，同比增长 0.2%；医药行业企业实现主营业务收入为 25461.6 亿元，同比增长 13.1%，利润总额为 2541.4 亿元，同比增长 12.1%；纺织行业企业实现主营业务收入为 66073.4 亿元，同比增长 6.9%，利润总额为 3590.4 亿元，同比增长 6.5%；其中，医药行业企业在主营业务收入增速和利润总额增速方面的表现要优于其他行业企业，相比之下，烟草行业利润增速不理想。

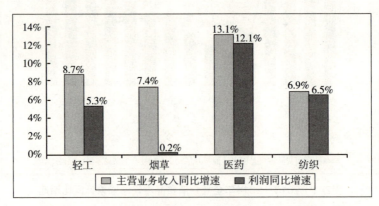

图2-2　2014年1—12月消费品工业主营业务收入和利润总额增长率及其变化

数据来源：国家统计局，2015 年 1 月。

（二）偿债能力分析

1. 资产负债率大致稳定

2014 年 1—12 月，我国消费品工业资产合计为 212344.8 亿元，负债合计 70643.7 亿元，资产负债率为 49.5%。消费品工业整体总资产与总负债同比增速大致相同，因此，资产负债率比较稳定，说明我国消费品工业长期偿债能力保持稳定。

就各行业来看，轻工行业资产合计为 138356.9 亿元，负债合计 70643.7 亿元，资产负债率为 51.1%；纺织行业资产合计为 42320.0 亿元，负债合计 22568.8 亿元，资产负债率为 53.3%；医药制造行业资产合计为 23299.5 亿元，负债合计 9924.6 亿元，资产负债率为 42.6%；烟草行业资产合计为 8368.4 亿元，负债合计 1886.4 亿元，资产负债率为 22.5%。

表 2-5　2014 年 1—12 月主要消费品行业资产负债率情况

行业	资产合计（亿元）	负债合计（亿元）	资产负债率（%）
轻工	138356.9	70643.7	51.1
烟草	8368.4	1886.4	22.5
医药	23299.5	9924.6	42.6
纺织	42320.0	22568.8	53.3

数据来源：国家统计局，2015 年 1 月。

2. 亏损程度依然严重

2014 年 1—12 月份，我国消费品工业累计共有 15219 户企业发生亏损，亏损企业占企业总数（150063 户）的比重（亏损面）为 10.1%，较 2013 年同期下降 0.2 个百分点；亏损企业累计亏损额为 1021.1 亿元，亏损深度为 4.8%，较 2013 年（4.6%）增加了 0.2 个百分点。

就各子行业看，2014 年 1—12 月，轻工行业累计企业个数为 104461 家，其中亏损企业个数达 10131 家，亏损面为 9.7%，较 2013 年同期（9.8%）下降了 0.1 个百分点，亏损总额达 735.6 亿元，亏损深度为 5.3%，较 2013 年同期增加了 0.4 个百分点；烟草行业累计企业个数为 131 家，其中亏损企业个数达 12 家，亏损面为 9.2%，较 2013 年同期（3.7%）增加了 5.5 个百分点，亏损总额达 0.8 亿元，亏损深度为 0.1%，较 2013 年同期水平持平；医药行业累计企业个数为 7872 家，

31

其中亏损企业个数达 761 家，亏损面为 9.7%，较 2013 年同期下降 0.4 个百分点，亏损总额达 80 亿元，亏损度为 3.1%，较去年同期增加 0.1 个百分点；纺织行业累计企业个数为 37599 家，其中亏损企业个数达 4315 家，亏损面为 11.5%，较 2013 年同期持平，亏损总额达 204.7 亿元，亏损度为 5.7%，较 2013 年（5.9%）降低了 0.2 个百分点。由此可见，由于独特的行业属性，烟草行业中亏损的情况比较少见，亏损的程度并不深，受各种经济环境影响，子行业中纺织行业的亏损情况相对严重，亏损面较高。

表2-6　2014 年 1—12 月消费品工业及主要行业亏损企业亏损情况比较

行业	企业数（户）	亏损企业数（户）	亏损面（%）	利润总额（亿元）	亏损总额（亿元）	亏损深度（%）
轻工	104461.0	10131.0	9.7	13807.3	735.6	5.3
烟草	131.0	12.0	9.2	1215.8	0.8	0.1
医药	7872.0	761.0	9.7	2541.4	80.0	3.1
纺织	37599.0	4315.0	11.5	3590.4	204.7	5.7

数据来源：国家统计局，2015 年 1 月。

（三）营运能力分析

1. 资金利用效率不高

2014 年 1—12 月，消费品工业主营业务收入得到较快增长，累计实现 320587.2 亿元，同比增长 8.5%。在主营业务收入较快增长的同时，消费品工业的应收账款增速也明显增长。1—12 月份，消费品工业应收账款 24292.7 亿元，同比增长 11%。可见，虽然主营业务收入增速实现较快增长，但增速低于应收账款增速 2.5 个百分点，说明消费品工业资金利用效率有所下降。

就各子行业看，2014 年 1—12 月，医药行业主营业务收入同比增速最高，为 13.1%，居各子行业之首；纺织行业主营业务收入同比增速最小，为 6.9%。从应收账款看，同期医药行业应收账款同比增速也最大，为 15.3%，烟草行业较 2013 年同期呈现负增长。除烟草行业外，轻工、医药和纺织行业应收账款同比增长均高于主营业务收入的增长，表明行业资金利用率不高。

表 2-7　2013—2014 年消费品工业主要行业应收账款、主营业务收入情况

行业	2013年		2014年	
	主营业务收入同比增长（%）	应收账款同比增长（%）	主营业务收入同比增长（%）	应收账款同比增长（%）
轻工	13.6	13.6	8.7	10.0
烟草	9.6	8.7	7.4	−10.8
医药	17.9	20.1	13.1	15.3
纺织	11.6	8.5	6.9	7.5

数据来源：国家统计局，2015 年 1 月。

2. 存货压力有所减小

就存货来看，2014 年 1—12 月，消费品工业存货总量为 31807.8 亿元，同比增长 8.3%，库存压力较 2013 年同期相比有所减小。其中，轻工行业存货为 18945.9 亿元，同比增长 7.2%；纺织行业存货为 6183.2 亿元，同比增长 2.9%；医药行业存货为 2811.2 亿元，同比增长 14.8%；烟草行业存货为 3867.5 亿元，同比增长 14.9%。各子行业中，除了医药行业存货同比增速高于 2013 年 1.4 个百分点以外，其他行业同比增速均低于 2013 年同期水平。

表 2-8　2013—2014 年消费品工业存货情况

行业	2014年		2013年	
	存货（亿元）	同比增长（%）	存货（亿元）	同比增长（%）
轻工	18945.9	7.2	17492.7	10.0
烟草	3867.5	14.9	3360.3	24.4
医药	2811.2	14.8	2423.8	13.4
纺织	6183.2	2.9	6082.0	8.3

数据来源：国家统计局，2015 年 1 月。

（四）成长能力分析

1. 所有者权益持续增长

2014 年，消费品工业及各主要行业所有者权益均实现持续较快增长。整体来看，行业成长能力向好。2014 年 1—12 月，消费品工业累计所有者权益达到了 107321.1 亿元，同比增速为 14.9%。这表明，消费品工业的增长态势较好，企

业持续发展的能力较强。分行业来看，2014 年 1—12 月，轻工行业所有者权益为 67713.2 亿元，同比增长 15.1%；纺织行业所有者权益为 19751.2 亿元，同比增长 14.6%；医药行业所有者权益为 13374.9 亿元，同比增长 18%；烟草行业所有者权益为 6482 亿元，同比增长 8.7%。

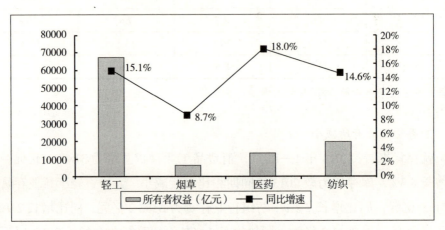

图2-3　2014年消费品工业主要行业所有者权益情况

数据来源：国家统计局，2015 年 1 月。

2.从业人员增速平稳

消费品工业是国民经济和社会发展的战略性、民生性、支柱性产业，涵盖了轻工、纺织、食品、医药等工业门类，产业关联度和资源配置效率极高，且多是传统产业，行业门类多、进入门槛低、产能规模大、企业数量多、产业链长、市场竞争激烈，属于较为典型的劳动密集型行业。2014 年 1—12 月，我国消费品工业全部从业人员增速平稳，表明消费品工业的就业贡献能力较强。由于纺织行业和烟草行业分别属于传统劳动密集型行业和管制型行业，吸纳就业人员的能力相对饱和有限，而轻工行业和医药行业中的新兴领域则能提供相对更多的就业岗位。

第二节　存在问题

一、政策适应期，企业发展面临诸多挑战

首先，企业成本压力依然不减。2014 年以来，企业用工成本仍将持续上涨，物流和融资成本居高不下，企业盈利压力加大。就用工成本看，《促进就业规划

（2011—2015 年）》中明确提出最低工资标准的年均增长率要大于 13%，工资标准的提高直接带动了社保和养老缴费基数的提高，在劳动力较为密集的纺织和部分轻工行业，劳动力成本的上涨速度已经超过企业的利润增长速度。其次，淘汰落后产能等转型升级政策短期内将给纺织、医药行业企业带来较大冲击。根据 2014 年 5 月 8 日工业和信息化部（以下简称工信部）下达的 2014 年淘汰落后产能任务，年底前造纸、制革、印染、化纤、铅蓄电池四个领域要分别完成 265 万吨、360 万标张、10.84 亿米、3 万吨、2360 万千伏安时的淘汰落后任务，存在较大的压力。同时，根据《2014—2015 年节能减排低碳发展行动方案》，印染、医药等行业源头控制及清洁生产关键技术以及消费品工业多数领域的燃煤锅炉改造也面临不小的压力。再次，医药企业新版 GMP 改造生死线迫近。医药企业实施新版 GMP 的最后截止日期为 2015 年 12 月 31 日，企业面临较大的改造压力。最后，药价拟于 2015 年全面放开，这将对医药行业带来一系列重大影响，医药企业重新洗牌将不可避免。

二、出口环境有所改善，但出口增速提升有限

2014 年以来，我国与周边国家和地区的各类战略合作给消费品工业出口带来契机。例如，金砖国家合作、打造东盟自贸区升级版以及自贸区谈判，丝绸之路经济带、21 世纪海上丝绸之路，孟中印缅、中巴经济走廊建设等战略的推进落实，都将给外贸增长带来动力。与此同时，贸易壁垒依然存在。欧、美、日发达国家和地区迫于国内失业、财政等压力，对本国产业的保护会进一步加强，加上其在市场中的主导地位和技术优势，将技术性壁垒与绿色壁垒相结合，相继制定其技术水平上的环境技术标准和法规，我国消费品工业出口环境仍面临挑战。例如，欧盟 2013 年 4 月起实施新版《生态纺织品标准 100》，对纺织品的标准要求更加严格，我国纺织出口企业认证的难度加大，进入欧盟市场的门槛进一步提高。此外，2013 年 7 月 2 日之后，欧盟要求出口欧盟的 API（人用药活性物质）一定要有出口国监管部门的书面声明，对我国原料药出口造成很大的限制。

三、消费需求增长乏力，内需依然不足

我国消费品工业发展依然面临内需不足问题。一是宏观经济下行制约投资增速回暖。在国家努力控制信贷增长并推进改革的政策导向下，企业家投资信心明显不足，加之国家整体流动性趋紧，消费品工业企业面临的融资难问题依然存在，

固定资产投资增长受到流动性不足的制约。二是消费刺激政策需完善。已经退出的"家电以旧换新"和正在实施的"节能产品惠民工程"由于更多面向耐用消费品，会造成消费潜力的提前释放和生产波动，持续的刺激政策缺乏，消费需求的持续增长缺乏政策保障。三是关联产业需求明显乏力。国家对房地产市场的调控虽有利于经济社会的长期发展，但客观上会造成家居消费、产业用纺织品需求的下滑。

第三节　对策建议

一、加强财税政策改革

一是保证目标价格补贴制度落到实处。严格按照要求，保证国家有关东北及内蒙古大豆、新疆棉花目标价格补贴试点政策落到实处，加强政策落实情况跟踪，并积极研究目标价格试点扩展到全国。二是深入推进农产品增值税进项税抵扣试点工作。严格按照《农产品增值税进项税额核定扣除试点实施办法》《关于扩大农产品增值税进项税额核定扣除试点行业范围的通知》要求，积极推进农产品增值税进项税核定扣除试点工作，降低试点行业的税负水平。三是扩大"营改增"试点地区和行业范围，切实解决消费品企业原料进项税额难以抵扣的问题。四是保证小微企业政策和减负工作落到实处。严格执行国家有关小微企业所得税优惠政策、治理和规范涉企收费、企业减负等相关规定，继续加强对小微企业健康发展政策落实情况的专项督察，着力改善企业发展环境。五是延长税收减免年限，加强营业税改征增值税对企业负担影响的研究，谨防营业税改征增值税推广加重企业负担。六是加强劳动力成本上涨对企业负担的影响研究，建立劳动力成本上涨与税收调节的联动机制，缓解劳动力成本上涨对企业发展的消极影响。

二、深入推进结构调整

一是加快推进医药企业新版 GMP 改造。进一步梳理总结医药企业 GMP 改造完成情况，加大对新版 GMP 改造的引导和支持。二是深入推进企业兼并重组和淘汰落后产能。按照《推动婴幼儿配方乳粉企业兼并重组工作方案》的要求，加强对企业兼并重组的引导和指导，进一步细化目标任务分解和工作分工，促进婴幼儿配方乳粉企业兼并重组工作有序推进。按照《国务院关于进一步加强淘汰落后产能工作的通知》，深入推进造纸、制革、印染、化纤、铅蓄电池等行业的淘汰落后工作，确保完成目标任务。三是强化市场准入和行业监管。抓紧修改和完善行业准入标准，完善食品药品质量标准和安全准入制度，逐步提高医药、食品行业的准入门槛。完善现有法律，以司法手段代替行政手段，提高惩罚标准，严厉打击药品、食品领域的不正当竞争和商业贿赂行为。

三、打好扩大内需组合拳

一是深化社会保障制度改革。大力推进医药卫生体制改革，加快推进公立医院改革，改进医保支付方式，健全网络化城乡基层医疗卫生服务运行机制，大力发展医疗服务业和移动医疗，释放居民潜在消费能力，提高居民消费预期，释放消费潜力。二是以行业准入和标准体系建设为重点，鼓励民间资本进入消费品工业，推动消费品工业固定资产投资的持续增长，鼓励优势企业跨地区、跨行业的兼并重组。三是扩大消费信贷规模和领域，特别是农村消费信贷，确定合理的消费信贷率，延长贷款年限，简化贷款手续，满足多样化的消费需求。四是整顿和规范行业秩序。建立严格的食品药品安全监管制度，推行食品安全责任保险，努力营造便利、安全、放心的消费环境，夯实消费需求增长基础。五是继续推进自主品牌提升工程，培育和跟踪服装家纺、家电、钟表行业自主品牌建设，加大自主品牌的宣传力度，刺激消费需求的释放。

四、营造良好出口贸易环境

一是加大对出口企业的金融支持。创新外汇储备运用，拓展外汇储备委托贷款平台和商业银行转贷款渠道，改善出口企业的融资服务。二是降低企业出口相关的行政事业性收费，继续减免通关费、检验和检疫费，探索减少商检费、仓储费等费用。三是积极应对贸易摩擦，引导行业协会和企业解决贸易争端，维护企业合法权益。规范进出口经营秩序，引导和支持企业积极应对反倾销、反补贴调查，增强贸易救济能力。大力发展出口信用保险。四是加强区域贸易合作，加快推进金砖国家合作，打造东盟自贸区升级版以及自贸区谈判，加快丝绸之路经济带、21世纪海上丝绸之路、孟中印缅、中巴经济走廊建设，积极开拓新兴经济体市场，降低对欧美国家的出口依赖和出口风险。五是加强对出口企业的分类指导，加大对出口信贷和出口保险的财政支持，鼓励企业建立海外生产和出口基地。六是深入推进跨境贸易人民币结算。加快推进人民币在跨境贸易和投资中的使用，加快建立人民币境外交易中心，推动人民币对其他货币直接交易市场发展，完善人民币境外结算交易细则，降低汇率变动风险。

政 策 篇

第三章　2014年中国消费品工业重点政策解析

第一节　新《消费者权益保护法》

一、政策内容

2013 年 10 月 25 日，十二届全国人大常委会第五次会议审议通过了修订后的《中华人民共和国消费者权益保护法》（以下简称《新消法》），并于 2014 年 3 月 15 日起实施。此次《新消法》是我国消费者权益保护法实施近二十年以来的首次修改，主要是针对目前我国电子商务和网络购物领域出现的新问题，对一系列关系消费者合法权益和经营者正当利益的规定做出的进一步规范，修改内容涉及个人信息保护、网络购物等新型消费方式以及公益诉讼、惩罚性赔偿等消费者权益保护的诸多方面，涉及面广，权责规定更加明确。

《新消法》对原法律制度主要进行了如下方面的调整：一是消费者非现场购物享有七日"后悔权"。针对电子商务等新型交易形式，《新消法》与时俱进地赋予了消费者在适当期间单方解除买卖合同的权利，有效地保护了消费者在新型消费方式和消费渠道下的合法权益。二是注重个人信息保护。《新消法》将个人信息受到保护（严禁滥发骚扰短信，违者最高可罚 50 万）作为消费者的一种权益确认下来，是此次权益保护法修订的一大亮点。三是耐用消费品举证责任倒置。即消费者购买汽车、电脑、冰箱等耐用商品出现问题，由经营者承担有关瑕疵的举证责任，这不仅提高了消费者胜诉几率，也有助于增强企业对产品担保的责任意识。四是赋予消协新职责，省级以上消协可提起公益诉讼。即消协具有八大公益性职能，履行公益性职责，可进行公益诉讼，既充实了消费者协会的维权职责，又有助于降低消费者的维权成本，扩大消费维权效果。五是遇消费欺诈可获三倍赔偿。《新消法》将欺诈消费的惩罚性赔偿额度拟由原来的 2 倍提升到 3 倍，知假售假将退一赔三。

二、政策影响

一是进一步完善了我国消费者权益保护法律制度。主要表现在三个方面：其一，拓宽了法规覆盖领域。此次《新消法》填补了现有法规的空白，在现有法规覆盖范围的基础上，进一步扩大到各类物质商品和精神商品，覆盖金融、传媒等新兴消费领域；其二，拓展了消费者权利范围。此次《新消法》拓展了消费者权利范围，明确消费者隐私权，增加了七日后悔权、耐用消费品举证责任倒置等方面的权利，显著降低了消费者的网购风险；其三，增加了惩罚性损害赔偿，对经营者侵害消费者权益形成威慑力，将欺诈消费的惩罚性赔偿额度拟由原来的2倍提升到3倍。

二是有助于缓解消费者维权困境，降低维权成本。《新消法》修订之前，我国法律尚未规定公益诉讼制度，消协只是社团性质的组织，没有任何行政和强制职能，只能依靠调解手段来解决纠纷，对消费者权益保护的作用较为有限，只能支持权益受损的消费者提起诉讼，或者通过媒体谴责损害消费者权益的不良行为，而消费者通过诉讼途径维权的成本过高、耗时过长，难以维护自身合法权益。因此，多数消费者在遭遇侵权后只能自己买单。此次《新消法》明确赋予了消费者协会作为消费公益诉讼的主体地位和提起公益诉讼的权利，既充实了消费者协会的维权职责，又有助于大大降低消费者的维权成本，有助于缓解消费者"维权难"问题，必将对我国消费者权益保护工作产生深远影响。

三是有助于提高经营者自律水平。此次《新消法》强化了经营者义务，严厉打击违反消费者权益的行为，有助于提高经营者自律水平，引导经营者树立保护消费者权益的责任观念，逐步推进经营者和企业维护消费者责任法制化。

第二节 《关于促进健康服务业发展的若干意见》

一、政策内容

2013年10月13日，国务院印发了《关于促进健康服务业发展的若干意见》（以下简称《意见》），这是新一届政府大力巩固和扩大医药卫生体制改革成效，统筹稳增长、调结构、促改革、惠民生的又一重大举措。《意见》明确了今后一段时期发展健康服务业的主要任务，力争到 2020 年，健康服务业总规模达到 8 万亿元以上，基本建立覆盖全生命周期、内涵丰富、结构合理的健康服务业体系。

《意见》界定了健康服务业的具体领域，并对今后一段时期的工作提出了八大主要任务。一是抓住服务链上的关键环节，大力发展医疗服务；二是针对人口老龄化的突出问题，加快发展健康养老服务；三是完善健康消费的保障机制，积极发展商业健康保险；四是发挥我国传统和特色优势，全面发展中医药医疗保健服务；五是顺应消费需求和新兴业态发展趋势，支持发展健康体检和咨询、全民体育健身、健康文化和旅游等多样化健康服务；六是培育健康服务业相关支撑产业，即针对健康服务中所需产品供应短板，支持自主知识产权药品、医疗器械、老年人和残疾人用品等的研发制造和应用，大力发展第三方检验、检测、评价等服务，支持发展健康服务产业集群；七是健全人力资源保障机制，加大人才培养和职业培训力度，促进人才流动；八是夯实健康服务业发展基础。

最后，《意见》从鼓励扩大供给、刺激消费需求两个角度，针对健康服务业发展面临的突出问题和主要任务，在保持现行政策连续性的基础上，提出了放宽市场准入、加强规划布局和用地保障、优化投融资引导政策、完善财税价格政策、引导和保障健康消费可持续增长、完善健康服务法规标准和监管、营造良好社会氛围等七项促进健康服务业快速协调发展发展的政策措施。

二、政策影响

一是将对促进我国经济转型产生重要作用。目前，在国外部分发达国家和地区，健康服务业已经成为现代服务业的重要组成部分。相关数据显示，美国健康服务业规模相对于其国内生产总值已超过 17%，其他发达国家均为 10% 左右。与国外相比，我国健康服务业还处于起步阶段，存在产业规模较小（2011 年我国卫生总费用为 2.43 万亿元人民币，仅相当于国内生产总值的 5.15%）、服务供给不足、服务体系不完善、监管机制不健全、开放程度偏低等诸多问题。此次《意见》的出台，将对促进我国经济转型产生重要作用。

二是产业导向明显构成长期利好。《意见》作为我国首个健康服务业的指导性文件，明确了健康服务业的定义、发展目标、主要任务、政策措施等。同时，《意见》对此前发布的一些产业发展规划进行了较为细致的补充完善，特别是在市场准入、规划布局以及财税价格政策等方面，解决了目前产业发展亟须解决的问题，对健康服务业的发展将构成长期利好。

三是引入社会资本办医利好政策升级。尽管新医改方案中已经提出过在医疗领域引入社会资本，但受制于配套措施（人力资源问题、审批准入、税收政策、规模限制、设备配置限制等）的缺失，近年来社会资本办医发展缓慢。新出台的《意见》从放宽举办主体要求、放宽服务领域要求、放宽大型医用设备配置、完善相关配套支持政策和加快办理审批手续五个方面支持社会办医。这些措施有望对社会资本办医产生巨大的促进作用，有利于现有医疗服务领域的连锁企业扩张，一些参股医院的医药企业也将因此受益。

四是有利于全产业链发展。《意见》明确提出要大力发展包括医疗服务、健康管理与促进、健康保险以及相关服务，涉及药品、医疗器械、保健用品、保健食品、健身产品等支撑产业的健康服务业。这也意味着我国以疾病治疗为中心的医药卫生制度发生重大转变，以病有所医为中心，将整个产业链前移和后移，更加强调产业链前端的健康管理和强身健体，以及产业链后端的护理、康复和养老。

第三节 《关于促进内贸流通健康发展的若干意见》

一、政策内容

2014年10月24日，国务院办公厅印发了《关于促进内贸流通健康发展的若干意见》（以下简称《意见》），部署在当前稳增长促改革调结构惠民生的关键时期，加快发展内贸流通，进一步拉动经济增长。该《意见》围绕"推进国内贸易流通体制改革，构建法治化营商环境"这条主线，以创新为引领、以改革为动力、以设施为基础、以环境为保障，从推进现代流通方式发展、深化流通领域改革创新、加强流通基础设施建设、着力改善营商环境、加强组织领导五大方面提出了十三条具有明确指向性和可操作性的政策措施，并以表格形式列出重点任务分工和落实进度安排。

二、政策影响

一是有利于引导生产、扩大消费。2014年我国消费市场运行平稳，消费市场呈现四个亮点：信息消费强劲增长、服务消费继续加快、大众化消费稳步回升、绿色健康消费深入人心。在我国消费市场平稳健康发展、消费增长稳健、消费结构日渐优化、消费质量进一步提升的新时期中，内贸流通在经济社会发展中的基础性和先导性作用将进一步凸显，加快内贸流通健康发展，有利于引导生产增加有效供给，扩大消费。

二是有利于推进循环经济，促进绿色低碳消费，促进生态文明建设。《意见》将扩大消费和绿色低碳可持续发展长远目标相结合，要求新型商品批发市场要具备回收处理功能，一体化社区综合服务中心要设立再生资源回收点，还要培育一批集节能改造、节能产品销售和废弃物回收于一体的绿色市场、商场和饭店，有利于推进循环经济，促进绿色低碳消费，促进生态文明建设。

三是对促进我国内贸流通健康发展具有显著的中长期指导意义。《意见》的一大亮点是政策明确具体、可操作性强。例如，在规范促进电子商务发展的建议中，明确了"加快推进电子发票应用"等配套措施；在加快发展物流配送的建议中，具体到"允许符合标准的非机动快递车辆从事社区配送"；而在减少行政审批、减轻企业税费负担的建议中，细致到"允许商业用户选择执行行业平均电价或峰谷分时电价"。

第四节 《关于改进低价药品价格管理有关问题的通知》

一、政策内容

2014 年 5 月 8 日，国家发展和改革委员会（以下简称国家发改委）向社会公布了《关于改进低价药品价格管理有关问题的通知》（以下简称《通知》）。文件核心内容主要包括两点：一是改进了低价药品价格管理方式。即对低价药品取消最高零售限价，在规定的日均费用标准内，由生产经营者根据药品生产成本和市场供求状况自主制定具体购销价格。二是确定了低价药品日均费用标准。即西药平均日费用不超过 3 元，中成药不超过 5 元。此文件列出的低价药品清单显示，共有 283 个西药和 250 个中成药，总计 533 个品种，合计 1154 个剂型纳入了低价药目录。另外，《通知》也从建立低价药品清单进入和退出机制、加强市场价格行为监管、加强政策联动三个方面对低价药品清单及有关价格管理问题进行规定。

二、政策影响

一是有助于缓解低价药品短缺，保障药品质量。改进低价药品价格管理是完善药品价格形成机制的重要内容。近年来，我国药品短缺问题已经引起各方的普遍关注，其形成原因与我国现有的低价药品价格管理机制密切相关。此次国家发改委关于低价药品价格管理的通知，明确了政策管理部门从政府定价范围内的低价药品中，筛选确定小品种低价药清单，改革对清单中药品的价格管理制度，取消具体药品品种的最高零售价，允许制药企业在一定控制标准范围内，根据生产情况和市场供需情况自行制定和调整零售价格，以保障合理的经营利润。将价格管理还给市场，由市场供需决定价格水平使药品生产企业可根据药品生产成本和市场供求及竞争状况制定具体购销价格，对于低价药恢复生产流通起到一定的推动作用，有助于缓解目前我国低价药品短缺问题，激发企业生产的积极性，有助于鼓励药品生产企业提高药品质量，塑造品牌影响力。

二是政策能否落地取决于与低价药品招标采购规则的衔接，政策在地方的执行也有待考量。根据前期8部门联合发布的《关于做好常用低价药品供应保障工作的意见》，对于低价药将采取直接挂网的招标采购方式。但国家发改委制定的纳入标准相比（日均费用标准西药不超过3元，中成药不超过5元）已有目录的安徽、广东、甘肃等省份高很多，如广东为"化学药1元、中药1.5元"，同时，低价药品种数量也远少于国家版数量，且低价药的价格管理新措施是对既有"唯低价是取"的采购政策的否定。所以低价药清单出台后，卫计委和各地卫生部门能否出台完善低价药的招标采购规则是政策落地的关键。

三是政策风向标意义大过于实际的政策影响。目前，医院倾向于使用高价药品以获得更多药品加成、不利于低价药品生存的局面仍未改变。所以，提高低价药限价只是药品价格政策改革进程中的一小步，破除以药养医机制才是问题关键。

四是应以发展的眼光看待药品价格。过去的招标采购等政策并未充分考虑到药品生产成本，强制低价竞争必然导致低价药品逐渐退出市场。随着经济发展和人民生活水平日益提高，低价药品像其他商品一样必须面对生产成本上涨的压力，价格水平也必然会相比过去有所提高。因此，是否可以考虑通过增加政府财政补助的方式，建立政府全资托底的药厂，允许药厂赔本生产、维持供应。

第五节 《婴幼儿配方乳粉企业兼并重组工作方案》

一、政策内容

2014年6月13日，国务院办公厅转发了由工业和信息化部、国家发改委、财政部和食品药品监管总局联合制定的《推动婴幼儿配方乳粉企业兼并重组工作方案》（以下简称《工作方案》）。同日，为进一步推进我国婴幼儿配方乳粉企业的兼并重组工作，提升产品质量安全水平，工信部连续采取措施，包括举行推动婴幼儿配方乳粉企业兼并种族工作方案宣贯会和开通食品工业企业质量安全追溯平台。

自2013年5月31日，国务院总理李克强主持召开国务院常务会议，研究部署进一步加强婴幼儿配方乳粉质量安全工作以来，我国婴幼儿配方乳粉行业面貌发生了较大改变，但产品质量安全问题依然突出。为更好地落实国家加强婴幼儿配方乳粉质量安全的战略，贯彻《国务院关于进一步优化企业兼并重组市场环境的意见》（国发〔2014〕14号），提升婴幼儿配方乳粉质量安全总体水平，促进婴幼儿配方乳粉产业健康发展，特出台该《工作方案》。

《工作方案》主要包括如下四个方面的内容：一是确立了兼并重组的范围和条件以及2015年和2018年的阶段性目标，包括提高乳粉产业的规范化、规模化、现代化发展水平，培育具有自主品牌和较强国际竞争力的大型婴幼儿配方乳粉企业集团，加快实现新一轮产业结构优化升级。二是确定了对下一步乳粉企业兼并重组的原则，简化审批手续，使市场在资源配置中起决定性作用。三是确定了五项工作重点和任务，包括"完善产业政策和准入标准"、"严格企业生产资质管理"、"采取多种方式推动企业兼并重组"、"规范企业兼并重组行为"、"支持兼并重组企业奶源基地建设"。四是提出了简化审批手续、落实税收优惠政策、加大财政资金投入加大金融支持力度、发挥资本市场作用、落实土地管理政策六项政策保障措施。

二、政策影响

一是有助于提升行业集中度与现代化水平。《工作方案》基于行业准入门槛提高后的预期和行业发展规律分析预期，极大提升了行业准入门槛，确立了2015年和2018年的具体目标，引导和支持婴幼儿配方乳粉企业开展兼并重组，有利于解决我国企业存在的"弱、小、散、差"问题，优化产业结构，提高产业规范化、规模化、现代化水平，提高发展的质量与效益。通过开展兼并重组，有利于形成一批具有行业引领能力和国际竞争力的大型婴幼儿配方乳粉企业集团，提高行业集中度，提升国产婴幼儿配方乳粉的安全保障能力和市场竞争力。

　　二是有助于提高资源配置效率，提升产业核心竞争力。通过引导和支持婴幼儿配方乳粉企业兼并重组，有利于促进现有资源的优化配置，形成由优强企业引领产业发展的新格局，提升产业核心竞争力，增强行业发展的协调和自律能力。

　　三是为乳制品工业产业政策调整指明了方向。长期以来，我国婴幼儿配方乳粉生产企业存在水平参差不齐、布局分散、企业竞争力不足等诸多问题。此次《工作方案》的出台，正值婴幼儿配方乳粉产业升级的攻坚时期，对于引导婴幼儿配方乳粉优势企业实施强强联合、兼并重组和促进婴幼儿配方乳粉行业向产业规模化、产品专业化、企业规模化和管理现代化发展具有重大的意义。

第四章　2014年中国消费品工业热点事件解析

第一节　葛兰素史克"贿赂门"背后的反思

一、背景

2013 年以来，葛兰素史克、礼来、赛诺菲和诺华等知名跨国药企以及中国制药工业百强的正大天晴药业纷纷被举报进行商业贿赂。葛兰素史克商业贿赂案更是层层发酵，2014 年 5 月 14 日被央视《焦点访谈》栏目以"高价药背后的贿赂门"再次深度曝光了葛兰素史克在华通过商业贿赂、转移定价等多种方式增加销售收入，建立危机公关五条"贿赂链"[1]，大规模开展商业贿赂活动。据统计，葛兰素史克在华的商业贿赂支出占其药品价格比高达 30%。"贿赂门"事件一经播出，引发了社会各界的高度关注，似乎一时间人们将商业贿赂与国内市场药价虚高之间画了等号。那么，医药领域的商业贿赂为何层出不穷？其背后的原因何在？商业贿赂是药价虚高的唯一推手吗？弄清楚这些问题对于防范商业贿赂、改进药品市场监管、完善医药产业政策与药品价格政策、全面深化医疗卫生体制改革具有重要意义。

二、主要内容

不可否认，类似葛兰素史克等企业的商业贿赂行为是药价虚高的一个重要推手。但是，仅仅遏制住商业贿赂就能够解决我国市场药品价格虚高和老百姓看病贵的问题吗？事实上，"贿赂门"事件反映出来的仅仅是我国药品价格虚高的表象原

---

[1]　五条"贿赂链"即为医药代表贿赂医生、地区经理贿赂大客户、大区经理贿赂VIP客户、市场部贿赂专家、大客户部贿赂政府部门。

因，药价虚高背后的原因极为复杂，而且与商业贿赂之间有着千丝万缕的联系。

（一）原研药单独定价催生不公平竞争

从国际普遍分类看，药品只有专利药与仿制药的区别。但在我国，除了专利药、仿制药外，还有一个特殊的类别，这就是原研药。所谓原研药，指的是过了专利保护期但仍享受单独定价的进口药物。由于原研药享受单独定价权，不参与通用名仿制药的竞争，导致原研药定价普遍高于仿制药。即使是完成质量一致性评价的仿制药，其价格也明显低于原研药。例如，在2013年各省、区、市的药品集中招标采购中，拉米夫定片的仿制药和原研药（即葛兰素史克生产的贺普丁）的中标价格就存在明显差别。国内企业安徽贝克生产的仿制药（0.1g*14片装/盒）的中标价格为135元/盒，而葛兰素史克生产的同规格原研药的中标价格为180元/盒，二者价差占国内仿制药中标价比高达33%。价格的巨大差异以及国内巨大的市场需求引发的巨额利润对葛兰素史克而言是一个大蛋糕。为了在药品的集中招标采购中中标，对招标采购部门进行"系统打点"就成为可能。所以，从这点上看，原研药的单独定价权才是药价虚高的幕后推手，这一"超国民待遇"使其在与国内同类企业进行价格竞争时更具有"实力保障"。

（二）药品加成制度滋生"高定价、大回扣"

在现行的制度下，以省、区、市为单位的药品集中招标采购确定了公立医疗机构的药品采购价，公立医疗机构在采购价的基础上按照15%的统一加成率确定零售价。这一不合理的加成制度形成了对公立医疗机构采购高价药、医疗服务人员开具高价药处方、制药企业生产供应高价药的激励，使得高药价大行其道。就公立医疗机构层面看，由于中标价越高的药品利润也越高，对医疗机构的利益贡献越大，所以公立医疗机构更倾向于采购高价药。加之，地区经理和大区经理对大客户、VIP客户的"特殊回报"，公立医疗机构主管负责药品采购的部门或相关人员就自然而然为高价药进入本机构大开绿灯。就医疗服务人员层面看，在现行薪酬分配体系中，医疗服务人员收入直接与处方挂钩，高价药因为利润高在处方开具中必然是首选，加之医药销售代表的按处方给予"额外回报"，所以医疗服务人员从自身利益出发倾向于开大处方和高价药。不仅如此，即使医疗服务人员愿意开具低价药处方，但也往往面临无低价药可开的局面。就制药企业层面看，由于中标价越高的药品利润也越高，加之公立医疗机构的采购意愿强，高价药销量增加的可能性就大。所以企业就通过改变剂型、包装、药品名等方式变相提高中标价，对于几乎没有利润空间的低价药没有生产动力。所以，从这点上看，商业贿赂虽然难逃药价虚高的干系，但其背后深层次的原因却是"以药养医"体制下不合理的药品加成制度。

（三）药品集中招标采购剥夺医疗机构的采购权

在现行的体制下，药品的集中招标采购管理是省级药品招标采购机构确定药品品（种）规（格）、采购价，全省公立医疗机构按同一价格采购药品。这一运作模式将供给方制药企业和需求方公立医疗机构强制分开，使得公立医疗机构丧失了药品的直接采购权，采购药品的正常市场行为变成了行政审批。最终的结果是需求方医疗机构不能自主进行药品的选择和价格确定，也不能通过谈判要求与制药企业共享利润，价格加成成为公立医疗机构获取利润的唯一正常途径。在这种情况下，利润丰厚的高价药自然成为公立医疗机构的首选。此外，药品直接供需方关系的割裂也大大增加了制药企业的负担，生产企业既要为政府的集中招标采购进行推荐、宣传和公关，也要为医疗机构的采购、医务人员的开处方进行公关，埋下了商业贿赂的祸根。

（四）仿制药质量问题赋予了原研企业优越感

目前，我国批准上市的药品有 1.6 万种，多数为仿制药，主要仿制专利到期的原研药。不可否认，部分仿制药的疗效达到了原研药的水平，但也有不少仿制药在进行评价性抽验时，体外多条溶出曲线与原研制剂曲线出现较大差距，仿制药质量等效性因此成为业界关注的焦点。很多业内人士认为，我国仿制药质量与原研药相比，在临床上的表现不尽如人意，简单概括就是"安全、无效"。产生这一问题的主要原因是国内部分制药企业在进行药品仿制时对标准要求不规范。从药理的角度看，仿制药要达到与原研药的等效性，就要保证在质量、生产过程、治疗效果等方面的完全一致。正是由于国内仿制药在质量方面存在的问题，葛兰素史克等原研药企缺乏危机感，在国内市场具有较高控制力。此外，仿制药的质量问题也使得公立医疗机构在采购上有所顾虑，医疗服务人员也可能会出于"安全、有效、为患者考虑"等原因而倾向于开具价高的原研药处方。

（五）法律体系不健全助长商业贿赂行为

相比发达国家，我国法律体系尚待完善，缺少反商业贿赂专项法律。1993

年公布《反不正当竞争法》对商业贿赂有一定程度的规定，但实践性不强，集中体现两个方面：一是商业贿赂界定范围窄。根据《反不正当竞争法》，商业贿赂仅限于财物等物质性的利益，但目前的商业贿赂已经发展到提供住房、劳务、子女出国服务、性贿赂等；二是处罚额度太低。根据《反不正当竞争法》，"经营者采用财物或者其他手段进行贿赂以销售或者购买商品，构成犯罪的，依法追究刑事责任；不构成犯罪的，监督检查部门可以根据情节处以一万元以上二十万元以下的罚款，有违法所得的，予以没收。"这样的法律规定对企业的威慑力有限，相对于违规的高收益，违规者违规的机会成本太低。

三、主要影响与启示

（一）取消原研药单独定价权

参照国外对于医药行业的管理，只设定专利药与仿制药两种类别，取消原研药类别和单独定价"超国民待遇"。同时，鼓励仿制药企业自主创新，提高质量。建议在集中招标采购标准里根据企业自主创新程度、药品质量等效性等因素设定不同价格加成比例，实现优质优价，营造有利于创新和提高质量的政策环境。

（二）完善药品招标采购制度

短期内，建议参照国家卫生计生委等八部门《关于做好常用低价药品供应保障工作的意见》要求，由省级药品集中采购机构将具备相应资质条件的生产企业直接挂网，由医疗机构网上采购交易。从长期看，建议在规定最高零售价格的前提下，取消政府主导的药品集中招标采购，归还公立医疗机构药品招标采购权，取消医院药品加成，使公立医疗机构的药品采购行为真正成为供、需双方围绕质量、品牌、规模、技术和价格等方面开展的市场经济活动。

（三）深化公立医院薪酬体制度改革

深化公立医疗机构薪酬制度改革、建立更加科学合理的医务人员薪酬体系是解决"以药养医"诟病的一个重要途径，也是公立医院改革的关键。一是建立薪酬绩效考核评价制度，从根本上解除医务人员收入与各类收费之间的利益联系，将医务人员收入与临床服务质量相关联，实现多劳多得、优绩优酬。二是积极推进医生多点执业工作，加快出台生多点执业相关配套政策，均衡医疗资源，多渠道增加医疗服务人员收入，切实改变目前以大处方、高价药获取收入的不良风气。

（四）积极推进仿制药一致性工作

实现仿制药效果一致性对扩大低价仿制药使用、防止原研药企垄断、提升我国医药行业竞争力、降低我国医疗费用支出意义重大。政府层面，要继续加快推进仿制药一致性评价工作，分剂型分批次进行仿制药一致性评价，对于未通过评价的品种不允许上市生产。企业层面，加大对仿制品种的原辅料特性、制剂工艺、生产设备、人员技术水平等方面的研究，以原研品种的制剂溶出曲线确定工业化生产的参数波动范围，真正实现临床等效性。

（五）加大医药商业贿赂打击力度

一是出台商业贿赂专项法律，扩大贿赂的界定范围，提高商业贿赂的惩罚标准，细化完善相应法律责任。二是减少贿赂案件中行政机关的干预，以司法手段代替行政手段，严厉打击贿赂行为。三是降低立案门槛，并建立完善的监管和举报制度。

第二节　伊利进入全球 500 强的思考

一、背景

2014 年 7 月 9 日，全球最大的专注农业及食品相关产业的商业银行之一——荷兰合作银行发布了最新的《2014 年全球乳业 20 强报告》，根据这一权威报告，我国的伊利集团以乳制品 2013 年销售额 76 亿美元的成绩，位列全球乳品企业排行榜第十位，成为中国乃至亚洲乳制品企业有史以来的最高排名，也成为我国乳企快速发展的标志性事件。伊利获得历史性成绩的秘诀是什么？对于经历了三聚氰胺事件、处于调整期的中国乳业，这一标志性事件带来哪些启示？这些问题值得认真思考。

二、主要内容

伊利跻身全球乳业十强的成功经验主要涉及奶源基地、产业链建设、产品线布局、品牌打造、渠道建设以及产品质量管理等诸多方面。

（一）优化奶源基地布局

伊利多年来坚持奶源基地建设，在拓展优质奶源基地、倡导多种奶源建设模式等多项措施的实施下，获得了持续、安全、稳定的奶源保障，抓住了产业健康发展的根本。截至 2013 年，伊利共投入约 100 多亿元用于奶源基地升级与建设；截至 2014 年 3 月，伊利在全国的自建、在建及合作牧场数量达到 2400 多座，这些集中化、标准化、规模化的养殖基地为伊利提供了 94% 的奶源。

（二）整合全球产业链

伊利通过在全球范围内整合产业链，用全球的优质资源打造面向全球的竞争力。伊利在新西兰等地投资奶粉项目，并分别与美国最大的牛奶公司 DFA、意大利斯嘉达公司达成战略合作。2014 年年初，伊利与荷兰顶尖学府——瓦赫宁根大学合作，在欧洲建立了联合研发中心，同时建立了首个中荷两国保障食品安全的战略协议。这些产业链整合举措全面提高了伊利在全球的产业链控制能力和品牌影响力。

（三）丰富产品线

在伊利的产品矩阵中，液态奶产品线、冷饮产品线、奶粉产品线、酸奶产品线是最重要的产品线，这四大产品线布局合理，发展势头稳定，通过在研发、品牌和营销等方面不断创新，每条产品线都获得了很高的市场占有率。2013 年，伊利液态奶的市场占有率达到 25%，位居行业第一；伊利奶粉市场占有率为 28%，位居行业第一；伊利冷饮更是连续 20 年位居行业产销量冠军。丰富的产品线及各产品线较高的市场占有率，是伊利进入全球十强最坚实的基础。

（四）强化渠道掌控能力

为强化渠道掌控能力，伊利从 2006 年开始实施"织网计划"，该计划通过大力开拓二、三线城市市场，建立了"纵贯南北、辐射东西"的全国性营销网络，实现了从生产到销售的一体化运作，真正实现了覆盖全国市场。2012 年以来，伊利继续实施渠道下沉战略，落实渠道管理提升策略，通过强化终端业务标准化管理和健全渠道管理体系，改进终端服务水平。渠道建设的加强使伊利的渠道密度和终端服务质量在市场中始终保持优势地位，渠道掌控和市场竞争能力得到显著提升，消费者与客户满意度不断提高。

（五）扩大品牌影响力

中国乳业企业较多，同时随着外资品牌加大对国内市场的开拓力度，行业竞争不断加剧，激烈的市场竞争倒逼伊利不断加大品牌建设力度，通过提升产品品质和品牌获得综合竞争优势，伊利已经连续八年作为中国体育代表团指定营养

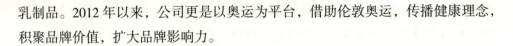

乳制品。2012 年以来，公司更是以奥运为平台，借助伦敦奥运，传播健康理念，积聚品牌价值，扩大品牌影响力。

（六）完善质量管理体系

面对食品安全要求越来越挑剔的市场，伊利在质量管理过程中，始终深入推进"全员、全过程、全方位"质量管理体系，强化覆盖全链条的产品质量保证体系，从原辅材料和奶源质量管理入手，全过程提升质量管理能力。通过加强员工技能培训、质量意识培养和质量文化宣传等工作，不断完善质量管理体系，切实为消费者提供优质安全产品。2014 年，伊利宣布与 SGS（瑞士通用公证行）、LRQA（英国劳氏质量认证有限公司）和 Intertek（英国天祥集团）三家全球著名的质量认证机构结成战略合作伙伴，帮助伊利建立世界水平的质量管理体系。

三、主要影响与启示

（一）加强品牌建设

企业首先要树立品牌意识，提高对品牌价值的认识，特别是在食品这样一个直接关系消费者身体健康的行业，企业要把品牌建设提升到走向国际市场通行证的高度。食品企业竞争策略应从低层次的产品竞争、价格竞争，乃至技术竞争、服务竞争，转向更高层次的标准竞争、品牌竞争；其次要进行准确的品牌定位，遵循消费导向、突出个性、差异竞争原则，突出品牌的独特性和不可替代性；再次，企业要努力创立自主品牌，只有拥有自己的品牌，才能提高产品附加值，才具有不可替代性，才能在市场竞争中获得主动权，才能建立持续的竞争优势；最后企业要进行品牌延伸，要能够将已有品牌的知名度和美誉度在新产品上嫁接、转移，以此缩短市场对新产品的认知和接受过程、减少新产品广告宣传费用、提高市场占有率。

（二）加强食品质量安全体系和诚信体系建设

企业首先要加强食品安全管理，全面落实《食品安全法》等相关法律法规，加强食品安全师培训工作，建立健全食品质量安全预警机制、质量控制管理和标准化生产体系，必要时可借助信息系统、物联网等先进技术，实现从原料生产到食品加工、储运、销售等全过程监控；其次要贯彻执行《食品工业企业诚信体系建设工作指导意见》，增强诚信意识和社会责任感，加快诚信体系建设，建立诚信制度；最后要落实企业食品安全主体责任，主动建立食品企业诚信管理体系（CMS）。

（三）加强创新能力建设

企业管理者首先要提高创新意识，管理者和决策者的创新意识、能力是决定企业研发能力的首要因素，只有勇于创新的管理者，才能组织协调各方力量进行研发创新活动；其次要建立创新文化和激励机制，对有重大带动示范意义的高新技术成果转化项目，给予专项资金支持，对在创新成果转化中做出贡献的员工，要给予相应的奖励，以调动企业员工积极性；第三是要开展与科研机构的合作，特别是技术力量和科研设备相对薄弱的中小企业，可以以共建研发机构、联合或委托开发等形式，通过与大专院校、科研机构在产品研发、成果转换等方面的合作，实现科技资源共享；最后要尽可能组建自主创新机构，从根本上掌握技术创新主动权。

（四）加强产业链建设

加强产业链建设已经成为食品企业创新商业模式、获得竞争新优势的重要途径，特别是在我国食品消费升级、食品安全形势严峻的大背景下，通过产业链管理，为消费者提供营养、健康、安全、放心的食品是企业可持续发展的关键因素。产业链建设要以消费者需求为导向，实现从田间到餐桌、从农产品到最终产品，涵盖种植饲养、饲料采购、物流运输、生产加工、市场营销等多个环节的系统管理和有效控制，从而形成整体竞争力。借助纵向和横向的协同优势，实现企业对从田间到餐桌的各关键环节和终端出口的控制，对整个产业链上的相关环节和企业整合，进而实现对全行业整体效率和资源利用率的提升，成为产业链的高效组织者。

第三节 "双十一"天猫交易额达到571亿元

一、背景

2014年11月11日，天猫"双十一"交易额创造了571亿元的历史纪录，较2013年增长了60%，单天交易额远远超过了美国整个黑色星期五，引发了全世界的关注。这个破纪录的数字固然给人们带来了惊喜，在带动传统零售业升级、

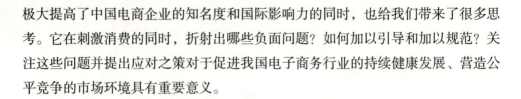

极大提高了中国电商企业的知名度和国际影响力的同时，也给我们带来了很多思考。它在刺激消费的同时，折射出哪些负面问题？如何加以引导和加以规范？关注这些问题并提出应对之策对于促进我国电子商务行业的持续健康发展、营造公平竞争的市场环境具有重要意义。

二、主要内容

促成天猫571亿元交易额主要基于"四化"表现：

（一）"平台化"促进了消费需求扩大

从同比增长排在前十位的商品看，快速消费品占据半壁江山，分别是洗衣液、抽纸、纯牛奶、猫主粮、彩色隐形眼镜等。一些耐用消费品的销售也非常可观，天猫当天共销售了120万件大家电、6万条轮胎以及5万辆汽车。特别需要指出的是，天猫带动了我国新疆、宁夏、云南等边远地区农特产品的消费增长，新疆的红枣、新农纯牛奶、干果，宁夏的枸杞等已通过网购走红全国。

（二）"便利化"缩小了地区消费差异

一直以来，收入水平相对较高、理念较为先进的东部地区是推动电子商务发展的支撑力量。但近两年来，中西部地区在线消费快速增长，在推动电子商务快速发展的同时也不断缩小了地区消费差异。从消费增长看，2014年"双十一"消费同比增长第一梯队的前十位的省市中，中西部地区占有六个（江西、安徽、河南、湖北和广西），第二梯队也同样集中于四川、湖南、山西等中西部地区。从无线消费金额看，同比增长最快的10个城市均来自中西部地区，其中海南、新疆、西藏等省区的一些城市较2013年同期增长超过5倍。

（三）"无线化"刺激消费业态创新与融合

阿里的数据显示，"双十一"当天天猫移动交易额达到243亿元，占总交易额的42.6%，是2013年移动交易额的4.5倍。此次活动除了电商卖家参与外，还吸引了317家百货门店、1111家餐厅以及优酷、微博、高德地图、ISV软件、淘女郎等众多新媒体的参与，促进各种消费业态的融合。此外，从年轻消费者网购商品同比增速排名前十位的产品看，穿戴式设备交易量位居第一。可见，今年"双十一"活动是一次移动电商生态的"总动员"，促进了我国移动电商、移动支付、信息消费等新型消费业态的发展。

（四）"国际化"促进了跨境电子商务的发展

今年"双十一"阿里巴巴首次将购物狂欢节活动扩展到全球，"天猫国际"、"淘宝海外"、"速卖通"等首次参加"双十一"活动，促进了跨境电子商务的发展。其中，"天猫国际"今年吸引了两百多家海外商家参与，涉及商品包括母婴、食品保健、美容护肤和服饰鞋帽四个大类，涵盖美国、英国、澳大利亚、新西兰、韩国、日本、中国台湾、中国香港等多个国家和地区的 5000 多个品牌。"天猫国际"降低了海外直购商品的费用，同时也缩短了消费者购物的等待时间。此外，"速卖通"平台帮助国内的商家在"双十一"期间把商品销售到全球市场，促进了国内产品的对外出口。

三、评价与启示

天猫 571 亿元交易额这个破纪录的数字在带动传统零售业升级的同时给我们带来了很多思考。它在刺激消费的同时，折射出哪些负面问题？其背后存在诸多隐忧。

（一）"集体价格战"不利于消费品工业转型升级

不可否认，电子商务的爆炸式发展因促进消费品工业的业态创新而成为消费品工业转型升级的重要内容。但在看到这一积极方面的同时，也不能忽视"双十一"对消费品工业转型升级的消极作用。"双十一"之所以成为"购物狂欢节"的一个重要原因就在于它所宣传的折扣及其优惠，企业在"双十一"销售额的高低更多是取决于其折扣的高低。为了扩大销售、降低库存，企业不得不在这个大平台上展开血拼。所以，"双十一"的"集体折扣"在某种程度上就是一种"集体价格战"，是传统零售业价格战在电商商务领域的体现，只是借力互联网愈演愈烈。鉴于折扣及相关优惠最终会转嫁到生产企业方面，因此会不断挤压生产企业的利润空间，使得原本盈利微薄的消费品工业尤其是传统消费品工业雪上加霜。失去了利润的支撑，消费品工业转型升级步履维艰，不得不回归到传统的成本价格层面，品牌建设和产品质量提升投入受到一定程度的制约。

（二）"非正常消费"不利于消费的持续健康发展

消费是拉动经济增长的"三驾马车"之一，其持续健康发展是经济平稳发展的基石。在"双十一"的冲击下，消费者的消费"非正常"特征显著，集中体现在三个方面：一是提高了消费的机会成本。面对"集体折扣"的诱惑，很多消费者将本应该平均分散的消费支出集中到一天，造成消费实力集中释放，日常的多元化消费支出受到影响，提高了消费行为机会成本，不利于消费者福利水平的真正提高。二是引发非理性消费行为。"双十一"主要群体是中青年，特别是近年来22岁下群体的消费增长惊人。这一群体的消费理念和消费观念时代特征突出，"跟风"成分较高，造成不少消费者购买的产品束之高阁。此外，借款消费也不乏存在。这既不利于消费者正确消费观的培养，也造成一定的资源浪费。三是消费者权益受损现象屡见不鲜。有些商家违规采取"虚假折扣"，有些商家以次充好，国家强制规定的"七天无理由退货"在某些商家那里也成为摆设。在维权意识薄弱、维权成本较高的情况下，消费者不得不为"双十一"的非理性消费买单。

（三）购买力集中释放严重冲击生产和物流业

从生产的层面看，"双十一"对企业正常的生产经营活动造成很大的冲击，其一，短期内生产的超负荷和其他时间生产的不正常既造成机器设备等固定资产的部分闲置，造成机器设备的超负荷运转，增加维护成本。其二，短期内生产的超负荷运转加大了劳动密集型消费品企业用工需求的波动性，在招工难、用工成本逐年攀升的背景下，企业不得不为短期超负荷生产而支付更高的工资。从流通层面看，"双十一"对我们物流业带来极大的冲击。在物流配送产业发展明显滞后的大环境下，购买力集中释放导致物流配送企业压力骤增，满足物流配送的运输设备及人员短期需求极大提高，大部分物流配送公司超负荷运转，部分快递公司大面积爆仓、货物积压、延期发货。

（四）垄断倾向不利于电商行业自身及中小微企业发展

一方面，平台门槛对中小微企业发展电子商务形成制约。实践中，天猫、苏宁等电商企业对入驻商家设置了门槛。不可否认设置门槛对于规范商家的经营行为具有一定的积极作用，但根本的目的还是电商企业为了提高自己的影响力、扩大自身的规模。例如，天猫就对商家入驻的旗舰店、专卖店、专营店规定了入驻资本金、经营时间等限制条件并要求商家缴纳手续保证金、技术服务费、年费等各种费用。特别指出的是，2014年，天猫提高了入驻商家的注册资本金的要求，在国家取消注册资本金限制的大背景下，这一做法值得商榷。另一方面，对于准公共物品的排他性占有不利于电子商务的发展。目前，"双十一"实际上是一种面向广大电商企业的公共物品，但阿里就注册了"双十一"和"双十一"狂欢节等一系列防御性商标，几乎完全覆盖了整个商业零售服务领域，这显然是一种不公平竞争行为。

针对上述问题，应在如下方面加以引导和规范。

1. 完善电商竞争规则

一是规范企业行为和行业秩序，杜绝价格战、垄断等不良竞争。同时要强化对企业的监管，对无序竞争行为实施严厉的惩罚措施以提高违规成本。二是出台相关配套法规，强化监管手段。通过建立健全行业法律法规体系以及政策扶持，规范促进电子商务健康发展，严厉整治违规促销、虚假折扣、产品伪劣、网络交易市场秩序混乱等问题。

2. 加快发展电子商务物流产业

一是尽快出台电子商务物流发展规划，结合国家电子商务示范城市、示范基地、物流园区等，整合配送资源，构建电子商务物流服务平台和配送网络，特别是加强区域性仓储配送基地的建设，吸引电商、物流企业、第三方服务公司等入驻，提高物流配送效率和专业化水平。二是大力发展冷链物流。加快发展冷链物流相关基础设施建设，形成若干重要农产品冷链物流集散中心。三是加大产业扶持。对经认定的大型电商企业或者高新技术企业的第三方物流和物流信息平台企业，依法享受高新技术企业相关优惠政策。

3. 加强支撑体系集成创新

一是促进物流服务和电子商务集成创新。推动快递、零担、城市配送企业提高信息化水平和社会化服务水平，增强对网络零售的支撑能力。二是相关衍生服务的集成创新。探索符合市场需求的移动支付技术方案、商业模式和产品形态，促进移动电子商务支付创新发展，鼓励移动支付、仓储物流、信用服务、安全认证等电子商务支撑服务企业开展技术和服务模式创新，建立和完善电子商务服务产业链条。

4. 完善交易环境，强化行业诚信

一是研究推进电子商务产品质量诚信体系建设。研究建立网络经营者信用指标体系，鼓励社会中介机构开展网络经营者信用评价活动，建立电子商务交易产品基础信息规范化管理和基于统一产品编码体系的质量信息公开制度。二是加强跨境电子商务的监管。研究制定跨境电子商务企业主体身份标识管理制度，建立跨境贸易电子商务产品质量安全监督和溯源机制。三是完善可信交易环境建设。加强网络商品交易及有关服务行为的规制建设，推动电子商务市场主体、客体及交易过程基础信息的规范管理与服务，组织相关服务企业开展电子商务可信交易保障服务试点。

第四节　外资蚕食我国液态奶市场

一、背景

近年来，跨国乳企抢滩我国液态奶市场的事件屡屡发生。2014年3月，荷兰最大乳企皇家菲仕兰宣布将向我国消费者引进旗下液态奶、高端干酪等产品，并表示中国将是其最重要的战略市场。之前，日本明治已宣布将在我国华东地区开始销售低温牛奶、酸奶，新西兰最大的乳企恒天然公司计划在我国上线旗下高温杀菌奶品牌安佳。众多外企的加盟是在拯救我国的"奶荒"还是别有用意？我国企业应当如何面对？这些问题值得深思。

二、主要内容

近年来，我国液态奶的消费量快速增长，本土乳制品产量远低于市场需求量。2013年，国内液体乳产量2336万吨，同比增长7%，高于乳制品和乳粉的增长速度。据麦格理预计，到2017年，我国乳制品消费量的年均复合增长率将达到13%，而高端奶制品需求的年均增速可达20%。我国液态奶市场巨大的消费潜力吸引了各路外资的眼球，进口液体乳的数量急剧上升。据相关资料统计，2010—2013年间，我国进口液体乳的数量从1.6万吨增加到18.5万吨，增加了16.9万吨，年均增速达到126%。与其他行业相比，2013年我国液体乳进口同比增速为96.8%，分别高于整个乳制品行业、乳粉以及婴幼儿乳粉行业60.6、47.7和62.6个百分点。

（一）多渠道布局销售市场

外资液态奶品牌通过进口食品超市、专业食品店、大型商超、高档娱乐场所、电子商务平台等多种渠道，加速对我国市场的渗透。从大型商场超市的情况看，进口液态奶队伍不断壮大，品牌数已经超过30个，其中以德国品牌最多，其次是美国、新西兰、法国、荷兰等。从电子商务渠道看，以具有代表性的1号店为例，进口液态奶的品牌数从 2011 年的 3 个增加到目前来自 29 个国家的 70 多个品牌，进口量从 2011 年每月仅有 1 个集装箱的数量，发展到目前每天超过 7 个集装箱的数量。

（二）构建自有奶源基地

近年来，外资液态奶企业纷纷在我国建立自有奶源基地，涉足上游奶源环节，加大了对奶源基地的开拓与争夺。新西兰恒天然集团计划在 2020 年前投建 5—6 个牧场群，共 30 家牧场，以最终实现每年 10 亿升牛奶的产量；雀巢公司宣布投资 25 亿元，建立 3 个现代化养殖牧场和 187 个 300 头奶牛以上的规模化养殖小区，把黑龙江双城建成其在华最大的鲜奶供应基地；投资公司 KKR（科尔伯格—克拉维斯）则联合鼎晖投资、现代牧业计划投资 1.4 亿元，在山东建设两个大型牧场。

三、主要影响与启示

外资加速进军我国液态奶行业对我国液态奶行业将产生诸多影响。

（一）将蚕食行业利润

液态奶利润丰厚，是乳制品行业中利润率较高的产品。以光明乳业为例，其高端液态奶单品毛利率均超过 45%，是其所有产品中毛利率最高的品种，可观的利润空间吸引着外资前仆后继。自 2005 年伊利、蒙牛、光明分别推出金典、特仑苏、莫斯利安等高端产品后，德国的欧德堡、德亚，新西兰田园、安佳，美国纯美，法国金章、兰特等品牌陆续登陆我国市场，并在一、二线城市全面铺开，国内高端液态奶市场蛋糕不断被切割，外资的进入既加剧了行业竞争，也使行业利润被稀释。

（二）将加剧企业对奶源的争夺

外资的进入加剧了对奶源的争夺，致使原料奶供应短缺。2013 年下半年的"奶荒"致使大部分乳企收奶量急剧下降。据调查，2013 年第三季度，国内 26 家大型乳品企业收奶总量同比下降 6.6%，收购量同比下降的企业有 16 家，占比达 61.5%。原料奶的短缺直接影响了国内液态奶的生产，某些地方甚至出现了部分品种结构性短缺。此外，奶源紧张直接导致奶价高涨，我国原料奶收购价已普遍高于国际市场，一般在 5 元 / 千克左右，规模牧场的优质奶甚至超过 6 元 / 千克，而欧盟国家平均奶价折合人民币约为 3.4 元 / 千克。奶源短缺、奶价高已经成为制约我国乳制品消费增长的关键因素。

（三）将削弱国产品牌竞争力

一是由于国外饲养、挤奶、加工等技术相对成熟，产奶水平较高，加之大部分国家比如澳大利亚、新西兰等，为了鼓励牛奶出口，给予出口企业高额的政府补贴，因此进口液态奶产品较国产品牌具有明显的成本优势。二是部分进口奶品牌为了开拓市场，纷纷采取低价营销、网络促销等策略，对国产品牌形成了较大威胁。例如，2013 年"双十一"电商促销期间，德国进口的纯牛奶多美鲜（Suki）1L 包装的价格低至 9.9 元，加上折扣，每盒仅售 8 元左右，价格低于国产同规格牛奶。三是消费者对进口液态奶在口感、质量、品牌方面的认知度较高，一旦形成固定的进口奶消费习惯，国产品牌将面临较大的冲击。

（四）诱发质量安全问题

未来的液态奶市场，既要面对国内企业间的厮杀，也面临着外来企业的冲击，竞争将日益白热化。国内参与竞争的企业众多，大部分规模较小，价格基本就是唯一的竞争手段。由于国内奶源价格高，企业生产成本高涨问题短期内不可能得到解决，液体乳企业上游是奶农下游是消费者，成本向上下游转嫁的可能性较小，加之这些企业自我消化成本能力较差，这些企业面临着成本上涨和进口奶低成本的双重挤压，很可能诱使部分企业铤而走险，违规生产不安全产品，诱发食品安全问题。

（五）加大对国际市场的依赖

外资大举进军我国液态奶市场，也加剧了国内乳制品行业对国际市场的依赖程度。2013 年我国乳制品呈现进口高增长、出口负增长的态势，进口货值超过国内乳制品销售收入的 15%。进口国主要是新西兰、欧盟和美国，其中新西兰占到总进口量的 50% 以上。过分依赖国际市场可能造成行业发展被动。一方面，外资企业通过所控制的国际奶源和贸易资源，对我国进行倾销和进口限制，进而操控市场价格打压国内竞争对手，导致国内市场奶价波动。另一方面，一旦进口国受到自然灾害、"质量门"、政治风波等问题影响，将直接牵动我国国内奶源供应，导致居民恐慌抢购，引发"奶荒"。

针对众多外企加速进军我国液态奶行业，不断蚕食我国液态奶行业，我国企业应积极面对。

（一）加快推进"走出去"战略

一是海外投资原料基地。鼓励我国企业在新西兰、爱尔兰、法国等奶源充足的地区建立原料基地，弥补国内奶源不足问题。二是投资方式多样化。除了在海外建立原料基地和进行境外生产外，还可通过合资合作、收购、入股等多种形式进行境外投资，逐步实现原料基地建设、生产加工、销售各环节在全球范围内的优化配置。三是企业抱团走出去。液态奶企业可联合农牧业企业、乳粉企业、贸易公司等实现集群式的海外投资，凝聚上下游企业形成合力，共建工业园区，搭建共同平台，降低投资成本，提高投资效率。

（二）加速行业整合，提升大企业竞争力

一是推进产业链上的整合。液态奶加工业的产业链包括牧草种植业、饲草加工业、奶牛养殖业、设备供应业、物流业、批发零售业等。要鼓励企业进行上下游产业链整合，特别是对上游牧场和养殖环节的整合，加强对奶源的控制。二是做大做强大型企业。抓住乳粉行业兼并重组部分中小企业退出后腾出的市场空间和奶源资源，鼓励大型液态奶企业强强联合、以大并小（弱），加快地区间的整合速度，不断提升大企业的竞争力。三是培育壮大中小企业。遴选一批具有一定基础、特色明显、成长快、市场前景好的中小液态奶企业，在资金、技术、政策等方面予以积极支持，助其发展壮大。同时，还要积极引导中小企业组建产业联盟，提升整体抗风险能力。

（三）抓好奶源基地建设，创新奶源管理模式

一是扩大自有奶源基地。以奶牛养殖大县为依托，带动奶源基地发展，构建稳定的奶源生产集群。在北京、上海、天津等液态奶消费集中的大城市周边建立高产奶牛生产基地、学生饮用奶奶源基地等，推进标准化生产，全面开展粪污无害化处理和资源化利用，大力发展都市型乳业。二是发展优质饲草料生产基地。充分利用中低产地、退耕地、秋冬闲地等土地资源，大力发展苜蓿等高产优质牧草种植，在有条件的地区发展人工饲草地。三是提高产奶率。实施奶牛群体遗传改良计划，推广人工授精、胚胎移植等繁育技术，提高奶牛育种选育水平，着力培育高产奶牛核心群，不断提高奶牛单产水平，改善生鲜乳质量。四是创新奶源管理模式。大力发展"奶联社"股份制经营模式，由企业搭建技术资金平台，吸

纳奶农以奶牛或奶站入股分红、合作生产，带动奶农实现奶牛保值增值，提高奶农积极性。

（四）优化品种结构与设计，提升产品的竞争力

一是优化品种结构。针对进口奶受到远距离运输的限制，且大部分为常温产品，应鼓励我国企业大力发展低温液态奶、特色酸奶、冰淇淋等低温产品，与进口奶形成差异化竞争；针对潜力巨大的儿童和老年人市场，大力开发营养型、功能型低温产品。二是强化产品设计。建议利用国内外先进技术，对传统包装样式进行升级，开发智能化、个性化、环保型包装，比如人性化充气把手设计、可微波加热的特殊包装等，通过新颖的样式、独特的外观设计、功能化的包装材料吸引消费者。

（五）采用多种渠道与手段，积极开拓国内市场

一是大力发展网络营销。通过企业自建电子商务平台或者利用天猫、京东、微信等第三方网络平台，积极发展网络营销，提高市场占有率。二是深入调研消费市场。利用大数据系统建立完备的消费者资料数据库，对数据库中不同地域、年龄、收入的消费群体进行分级管理，把握消费倾向，提供针对性的服务。三是加大农村市场的开拓。针对农村居民的消费需求和承受能力制定相应的营销策略，积极推进农村学生奶工程，带动农村液态奶整体消费的增长。

行业篇

第五章　纺织工业

第一节　发展情况

一、运行情况

（一）投资增速持续放缓，化学纤维制造业发展形势严峻

2014 年，纺织工业完成固定资产投资 10091.8 亿元，同比增长 13.9%，增速较上年同期下降 16.5%，延续了"十二五"以来的增速放缓趋势。其占整个制造业固定资产投资的比重为 6.0%，与上年持平。行业投资结构看，纺织业、纺织服装服饰业以及化学纤维制造业固定资产投资总额占整个纺织工业的比重分别为 52.6%、36.7% 和 10.7%，与上年同期相比分别增加 –0.5、1.4、–0.9 个百分点。在企业转型发展的努力下，纺织服装服饰业在纺织工业中的投资比重有所上升。

细分行业看，2014 年纺织业、纺织服装服饰业、化学纤维制造业分别完成固定资产投资 5306.4 亿元、3704.21 亿元和 1081.16 亿元，同比分别增长 12.4%、19.2% 和 3.1%，增速分别较上年同期下降 5.9 个、4.4 个和 18.7 个百分点。其中，由于行业转型升级的进一步深入，产业用纺织品行业发展势头迅猛，带动纺织业全行业固定资产投资增速在较长一段时间内高于上年同期水平，9 月之后逐渐回落。而化学纤维制造业固定资产投资增速仍然呈现大幅下滑趋势，仅为上年同期水平的 14.2%，形势较为严峻。

表 5–1　2014 年纺织工业固定资产投资累计增速与上年之比（单位：%）

行业	2月	3月	4月	5月	6月	7月	8月	9月	10月	11月	12月
制造业	88.8	81.3	82.6	79.8	86.5	85.4	78.8	74.6	70.7	72.6	73.0

（续表）

行业	2月	3月	4月	5月	6月	7月	8月	9月	10月	11月	12月
纺织工业	113.9	86.0	90.4	114.1	116.0	100.7	90.9	76.8	72.9	76.2	83.5
其中：纺织业	204.2	153.3	146.9	150.5	139.3	131.0	125.5	94.0	81.6	82.1	67.8
纺织服装服饰业	75.9	46.6	54.5	94.7	107.5	88.2	79.8	86.7	83.9	90.2	81.4
化学纤维制造业	28.8	46.8	75.5	61.0	72.7	54.4	30.9	10.6	21.6	23.7	14.2

数据来源：国家统计局，2015年1月。

（二）生产增速低位运行，部分产品产量负增长

2014年，纺织工业增加值同比增长7%，与上年同期相比下降1.3个百分点；占全国比重为5.7%，较上年同期增加0.03个百分点。总体来看，受国际需求下滑、内需增长趋缓、棉价扭曲等因素影响，纺织工业生产规模虽持续扩大，但增速明显放缓。细分行业看，纺织业、纺织服装服饰业、化学纤维制造业增加值增速分别为6.7%、7.2%和8.5%，与上年同期相比分别下降2.0、0和1.8个百分点；占全国比重分别为3.1%、2.1%和0.4%，与上年同期水平基本持平。其中，纺织服装服饰业生产势头强劲，全年增加值增速与上年持平，年初时增加值增速甚至高于上年同期水平28.6%。而纺织业和化学纤维制造业生产则维持一贯的低速增长态势，但呈现稳中有升的发展趋势。

表5-2 2014年纺织工业增加值累计增速与上年之比（单位：%）

	2月	3月	4月	5月	6月	7月	8月	9月	10月	11月	12月
纺织工业	—	78.5	—	—	84.3	—	—	83.7	—	—	84.3
其中：纺织业	62.7	62.9	65.4	70.0	71.9	73.4	72.8	70.7	72.2	74.2	77.0
纺织服装服饰业	128.6	110.4	101.2	106.3	112.0	112.2	111.0	105.3	101.4	98.6	100.0
化学纤维制造业	67.1	79.1	87.4	87.8	82.5	81.2	81.8	79.0	78.4	80.6	82.5

数据来源：国家统计局，2015年1月。

产量层面看，2014年纺织工业主要大类产品产量保持增长态势，但增幅明

显收窄，部分产品产量出现负增长。与上年同期相比，除绒线、毛机织物、服装等产品外，其余产品产量增速均出现不同程度的下滑。需要指出的是，由于工业用纺织品出口和内需市场的快速增长，行业投资热情高涨，支持产品生产增长的动力强劲，无纺布产量增速明显高于其他产品，达到10.7%。

表5-3 2014年纺织工业主要产品累计产量及增速

指标名称	单位	3月		6月		9月		12月	
		产量	增速	产量	增速	产量	增速	产量	增速
纱	万吨	837.1	6.3%	1846.8	8.7%	2837.8	8.0%	3898.8	5.6%
布	亿米	151.0	2.7%	334.3	3.0%	514.3	2.7%	703.6	−0.5%
其中：棉布	亿米	84.2	−0.4%	184.4	0.0	284.7	0.3%	388.2	−4.0%
绒线	万吨	8.9	−5.0%	20.4	3.0%	30.7	3.8%	40.6	4.2%
毛机织物	亿米	1.2	−1.9%	2.7	1.1%	4.4	0.6%	6.0	0.4%
无纺布	万吨	69.6	4.7%	171.0	8.2%	262.0	5.2%	361.4	10.7%
服装	亿件	61.4	3.1%	143.0	3.8%	217.0	2.7%	299.2	1.6%
化学纤维	万吨	971.7	4.8%	2136.8	7.5%	3274.5	7.3%	4432.7	6.4%

数据来源：国家统计局，2015年1月。

（三）宏观经济增速放缓，消费需求仍显低迷

在国内消费增速持续下滑的大背景下，纺织工业消费也难独善其身。2014年，限额以上企业服装鞋帽、针、纺织品类商品零售总额累计12562.9亿元，同比增长10.9%，增速较上年同期下降0.7个百分点，整体来看消费需求仍然处于

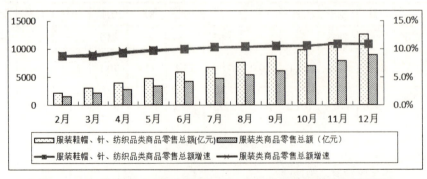

图5-1 2014年限上企业服装鞋帽、针、纺织品类商品零售总额及增速

数据来源：国家统计局，2015年1月。

低迷状态。其中，服装类商品零售总额为 8935.8 亿元，占服装鞋帽、针、纺织品类商品零售总额的 71.1%，占比较上年同期略有下降，增速也由 2013 年同期的 11.5% 下滑至 10.8%。

（四）出口形势依然严峻，国际贸易结构有所改善

2014 年，纺织工业完成出口交货值 9588.90 亿元，同比增长 2.2%，增速仅为上年同期水平的 30.2%，出口形势十分严峻。细分行业看，纺织业、纺织服装服饰业、化学纤维制造业分别完成出口交货值 3948.4 亿元、5167.7 亿元和 472.6 亿元，同比分别增长 1.0%、3.0% 和 3.1%，增速较上年同期水平分别下降 86.7%、59.2% 和 22.4%。

表 5-4　2014 年纺织工业出口交货值累计增速与上年之比（单位：%）

	2月	3月	4月	5月	6月	7月	8月	9月	10月	11月	12月
纺织工业	51.6	69.4	68.4	59.4	47.5	46.8	41.4	41.7	—	—	30.2
其中：纺织业	29.8	40.9	38.4	26.2	15.5	18.7	16.6	22.6	23.6	15.7	13.3
纺织服装服饰业	80.9	104.0	110.4	101.1	76.7	69.9	59.0	54.9	40.7	39.6	40.8
化学纤维制造业	46.5	46.9	35.1	37.9	47.5	64.1	84.4	98.4	100.6	95.7	77.6

数据来源：国家统计局，2015 年 1 月。

国际市场方面，2014 年我国纺织服装出口总额 2984.2 亿美元，同比增长 5.1%，出口额仍位居世界第一。其中，对欧盟、美国纺织品服装保持增长，但增速明显放缓；对日本、中国香港和俄罗斯等国家和地区的出口则呈现持续下滑趋势；而对东盟等新兴市场出口则表现出强劲的发展势头。可见，我国纺织工业对欧美日等传统市场的出口逐步恢复，对东盟等新兴市场的出口稳步发展，贸易结构有所优化，一定程度上有利于控制出口风险。

二、效益情况

（一）盈利能力

1. 收入和利润小幅增长

2014 年，在国家稳增长、调结构、扩内需政策的稳步推动下，纺织工业发

展相对平稳，收入和利润保持小幅增长，且利润增速高于收入增速，表现出较强的盈利能力。全年纺织工业累计实现主营业务收入 66073.0 亿元、利润总额 3590.4 亿元，同比分别增长 5.4% 和 4.9%。但是，2014 年纺织工业发展也仍面临诸多困境，国内外棉价差持续高企、出口需求大幅下滑、劳动力成本快速上涨、内销市场需求疲软乏力等不利因素对行业盈利水平带来较大影响，收入和利润增速与上年同期水平相比明显趋缓。

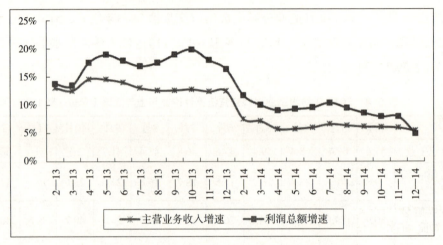

图5-2　2013—2014年纺织工业收入和利润增速走势图

数据来源：国家统计局，2015 年 1 月。

横向比较看，由于纺织工业的弱周期性，在国家宏观政策的大力推动下，其收入和利润增速在工业各行业中处于中上水平，比较优势相对明显。2014 年，纺织工业利润总额增速高于工业整体 1.6 个百分点。

细分行业看，2014 年纺织业、纺织服装服饰业、化学纤维制造业分别累计完成主营业务收入 38091.3 亿元、20769.8 亿元、7211.9 亿元，同比分别增长 7.0%、8.0%、3.5%；累计完成利润总额 2065.8 亿元、1247.3 亿元、277.3 亿元，同比分别增长 3.6%、10.6%、11.2%。其中，除纺织服装服饰业利润增速较上年同期增长 0.8 个百分点外，各子行业收入和利润增速较上年同期均出现不同程度下滑。2014 年，国内服装企业纷纷试水电商渠道，"双十一"、"双十二"等电商节日效应为纺织服装服饰业带来全新的发展机会，在快速消化服装库存的同时，也推动了全行业收入和利润的快速增长。而化学纤维制造业表现也较为突出，随着全行业淘汰落后、转型升级工作的稳步推进，行业产能过剩问题得到一定程度的缓解，利润增速水平高于其他两个子行业。

表5-5　2014年纺织工业主营业务收入和利润总额增速与上年同期比较

行业	2013年		2014年	
	收入增速	利润增速	收入增速	利润增速
工业	11.2%	12.2%	7.0%	3.3%
纺织工业	12.5%	16.3%	5.4%	4.9%
其中：纺织业	12.5%	19.1%	7.0%	3.6%
纺织服装服饰业	11.3%	9.8%	8.0%	10.6%
化学纤维制造业	8.5%	18.3%	3.5%	11.2%

数据来源：国家统计局，2015年1月。

2. 资本增值能力稳步提高

2014年，纺织工业资产保值增值率和销售利润率分别为113.3%和5.4%，与上年同期相比分别增加2.3个和 –0.1个百分点，虽然销售利润率有所下降，但降幅较小，仍处于合理波动区间，纺织工业资本增值能力仍表现为稳中有升的态势。细分行业看，2014年纺织业、纺织服装服饰业、化学纤维制造业的资产保值增值率分别为112.6%、115.8%和110.0%，较上年同期分别增加3.7个、3.1个和3.9个百分点；销售利润率分别为5.4%、6.0%和3.9%，较上年同期分别增加 –0.2个、0.1个和0.3个百分点。除纺织业销售利润率略有下降外，其他行业的资本增值水平均平稳提升。其中，纺织服装服饰业表现最为突出，资本保值增值率和销售利润率为三大子行业中最高。

表5-6　2014年纺织工业资产保值增值率和销售利润率与上年同期比较

行业	2013年		2014年	
	资产保值增值率	销售利润率	资产保值增值率	销售利润率
纺织工业	111.0%	5.5%	113.3%	5.4%
其中：纺织业	108.9%	5.6%	112.6%	5.4%
纺织服装服饰业	112.7%	5.9%	115.8%	6.0%
化学纤维制造业	106.1%	3.6%	110.0%	3.9%

数据来源：国家统计局，2015年1月。

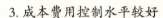

3.成本费用控制水平较好

2014年，纺织工业成本费用利润率为5.7%，高于上年同期水平13.9%，行业成本费用控制水平基本稳定，企业经济效益较好。细分行业看，纺织业、纺织服装服饰业、化学纤维制造业成本费用利润率分别为5.8%、6.4%和4.0%，与上年同期相比增加 -3.7%、0.9%和8.4%。纺织业表现出较大的成本压力，主要源于国内外棉价差和劳动力成本的上升。化学纤维制造业的获利能力则表现较好。

表5-7　2014年纺织工业成本费用利润率与上年之比（单位：%）

	2月	3月	4月	5月	6月	7月	8月	9月	10月	11月	12月
纺织工业	105.2	101.0	101.8	102.1	103.1	102.8	100.6	99.0	97.5	92.9	113.9
其中：纺织业	106.4	102.9	102.1	101.0	100.8	101.2	100.2	99.4	98.5	98.5	96.3
纺织服装服饰业	95.3	96.9	98.6	100.4	101.8	102.7	104.1	103.6	103.5	103.8	100.9
化学纤维制造业	100.0	102.9	111.3	113.8	115.2	117.0	109.4	110.0	109.2	109.6	108.4

数据来源：国家统计局，2015年1月。

（二）偿债能力

1.资产负债情况稳定

2014年，纺织工业资产合计42319.9亿元，同比增长8.7%，较上年同期减少1个百分点；负债合计22568.7亿元，同比增长4.0%，较上年同期减少5.2个百分点；资产负债率为56.5%，较上年同期下降2.4个百分点。纺织工业的负债增长速度低于资产增长速度，且资产负债率控制在60%以下，负债水平既能够保障长期偿债能力，又能充分发挥资金的财务杠杆作用。细分行业看，纺织业、纺织服装服饰业、化学纤维制造业资产负债率均低于上年同期水平，但化学纤维制造业资产负债率达到61.9%，长期偿债能力相对较弱。

表5-10　2014年纺织工业资产负债率与上年同期比较

行业	2013年			2014年		
	资产（亿元）	负债（亿元）	资产负债率（%）	资产（亿元）	负债（亿元）	资产负债率（%）
纺织工业	38933.2	21703.8	55.7	42319.9	22568.7	53.3

（续表）

行业	2013年			2014年		
	资产（亿元）	负债（亿元）	资产负债率（%）	资产（亿元）	负债（亿元）	资产负债率（%）
其中：纺织业	21663.8	12127.5	56.0	23595.5	12637.8	53.6
纺织服装服饰业	11020.6	5565.5	50.5	12269.7	5937.1	48.4
化学纤维制造业	6248.8	4010.7	64.2	6454.7	3993.7	61.9

数据来源：国家统计局，2015年1月。

2. 财务风险较小

2014年以来，纺织工业利息支付倍数高于上年同期水平，整体来说偿付借款利息的能力较强，负债经营的财务风险较小。2014年，纺织工业财务费用为786亿元，利息支付倍数为5.6，而2013年同期的利息支付倍数为5.5。

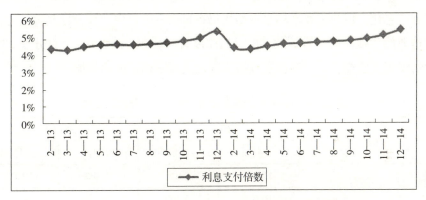

图5-3　2013—2014年纺织工业利息支付倍数累计值走势图

数据来源：国家统计局，2015年1月。

细分行业看，纺织服装服饰业的利息支付倍数最高，资产负债率最低，表明该行业负债经营比重较小，支付利息的能力较强，长期偿债能力得以保障。而化学纤维制造业则相反，利息支付倍数最低，资产负债率最高，负债经营的财务风险高于其他两个子行业。

表 5-11　2014年纺织工业利息支付倍数

	2月	3月	4月	5月	6月	7月	8月	9月	10月	11月	12月
纺织工业	4.5	4.4	4.6	4.7	4.8	4.8	4.9	4.9	5.1	5.3	5.6

（续表）

	2月	3月	4月	5月	6月	7月	8月	9月	10月	11月	12月
其中：纺织业	4.2	4.1	4.3	4.4	4.5	4.5	4.6	4.6	4.7	4.9	5.1
纺织服装服饰业	7.4	7.5	8.0	8.1	8.0	8.1	8.1	8.1	8.2	8.5	8.9
化学纤维制造业	2.2	2.1	2.3	2.4	2.4	2.5	2.5	2.6	2.7	2.9	3.1

数据来源：国家统计局，2015 年 1 月。

3. 亏损情况有所恶化

2014 年，纺织工业共有 4315 家企业发生亏损，亏损面为 11.5%，较 2013 年同期增加 1.5 个百分点。亏损企业累计亏损额为 204.7 亿元，亏损深度为 5.7%，较 2013 年同期增加 0.3 个百分点。与上年平均水平相比，2014 年纺织工业亏损情况有所恶化，但与工业平均水平相比仍在可控范围之内。细分行业看，化学纤维制造业的亏损面进一步扩大，但亏损深度有所缓和，减少 0.3 个百分点。纺织业和纺织服装服饰业的亏损面及亏损深度均出现不同程度的增加。

表 5-12 　2014 年纺织工业亏损情况与上年同期比较

行业	2013年		2014年	
	亏损面	亏损深度	亏损面	亏损深度
工业	10.9%	9.0%	11.9%	10.7%
纺织工业	10.0%	5.4%	11.5%	5.7%
其中：纺织业	9.3%	4.7%	10.9%	5.0%
纺织服装服饰业	10.0%	4.0%	11.4%	4.1%
化学纤维制造业	16.6%	18.3%	18.0%	18.0%

数据来源：国家统计局，2015 年 1 月。

（三）营运能力

1. 应收账款经营效率略有下降

2014 年，纺织工业应收账款累计额为 4657.9 亿元，周转率为 14.7，较上年同期下降 0.5 个百分点，应收账款经营效率略有下降。应收账款回收速度的降低不利于提高纺织工业的资产流动性，一定程度上影响短期贷款的偿还能力以及营运能力的提升。细分行业看，化学纤维制造业的应收账款周转率较高，有助于提升其营运能力；纺织服装服饰业应收账款周转率最低，一定程度上阻碍其营运能力的提高。

2. 存货周转率明显提高

2014 年以来，各零售终端加大促销力度，加之电商平台的积极作用，纺织工业库存周转率由上年同期的 10.6 提高至 2014 年的 10.8，去库存效果明显。2014 年，纺织工业库存累计 6183.2 亿元，同比增加 2.9%，增速较 2013 年同期回落 4.1 个百分点，运营能力得到提升。分行业看，化学纤维制造业存货周转率较低，但与 2013 年同期相比情况小幅改善，该行业的营运能力有所提升。

表 5-13 2013 年 1—8 月纺织工业营运能力指标与去年同期比较

行业	2013年		2014年	
	应收账款周转率	存货周转率	应收账款周转率	存货周转率
工业	11.4%	11.3%	10.9%	11.3%
纺织工业	15.2%	10.6%	14.7%	10.8%
其中：纺织业	16.4%	10.8%	15.9%	11.0%
纺织服装服饰业	12.6%	10.8%	12.7%	11.1%
化学纤维制造业	19.3%	9.2%	16.1%	9.4%

数据来源：国家统计局，2015 年 1 月。

三、重点领域或重点产品情况

（一）产业用纺织品发展持续向好

2014 年，产业用纺织品成为纺织工业发展的重要增长点，全行业经济增加值增速达到 11.7%，高于纺织工业 7% 的平均水平。企业经营业绩表现良好，全行业 1795 家规模以上企业共计完成主营业务收入 2702.2 亿元，实现利润总额 154.3 亿元，同比分别增长 12.4% 和 13.8%，高出纺织工业 7.0 个和 8.9 个百分点。行业销售利润率为 5.7%，高出纺织工业平均水平 0.3 个百分点。行业亏损面和亏损深度分别为 9.8% 和 4.4%，亏损深度较上年同期大幅减少 4.8 个百分点。

细分行业看，非织造布制造行业生产规模持续扩大，但增速明显放缓，收入和利润增速也较上年同期下降 4.6 个和 17.8 个百分点。究其原因，一方面是经过多年的高速增长之后，行业进入转型升级的结构调整期，大量落后和过剩产能被淘汰，产量增速下滑。另一方面，原材料价格的大幅下降使得产业承受较大价格压力，挤压了企业的盈利空间。纺织带和帘子布制造业的经济效益与上年同期相比明显提升，成为产业用纺织品行业经济效益提升的主要因素。

国际市场看，2014年我国出口产业用纺织品207.4亿美元，同比增长7.6%，虽较上年同期下降0.7个百分点，但仍表现出企稳回升的趋势。其中，亚洲市场是我国产业用纺织品出口的最大市场，占全部市场份额的45%，其次是欧盟和北美洲，均占到17%左右的市场份额。

主要产品看，医用纺织品的国内外需求相对稳定和刚性，2014年出口额达到34.8亿美元，其中亚洲和非洲市场对吸收性卫生用品的需求较大。非织造布防护服、纱布、药棉、绷带等传统非织造布产品则依靠成本优势主要向欧洲、美国、日本等国家销售。另外，随着汽车轻量化趋势的提升，交通工具用纺织品领域迎来新的发展机遇，行业增速保持在10%左右。而随着雾霾天气的持续，公众和国家对大气治理愈加重视，过滤与分离用纺织品成为产业用纺织品又一个新兴发展领域，2014年固定资产投资和研发费用分别同比增长56.1%和15.4%。

产业用纺织品是纺织工业产业结构调整的重要环节，未来将着重在技术、人才、品牌和可持续发展方面继续努力。在国内外经济复苏乏力的大环境下，产业用纺织品有望增强我国纺织工业在国内外市场中的竞争力。

（二）化纤行业进入深度调整期

2014年，产能过剩、附加值低、竞争力下降等问题依然困扰化纤行业发展，在市场淘汰机制的洗礼下，各项经济指标不容乐观。首先，化纤产量延续之前的下滑态势，增速较上年同期下降1.7个百分点。其次，行业投资热情也大幅降温，2014年固定资产投资增速仅为3.1%，不足上年同期水平的15%。最后，行业销售利润率仅为3.9%，与2010年的7.2%相比差距较大，甚至未能达到近十年来的平均水平。

但是，经历市场优胜劣汰机制考验的同时，化纤行业也在自我修复和提升，进入深度调整时期。2014年，化纤制造业利润增速达到11.2%，高于纺织业和纺织服装服饰业，亏损深度也较上年同期下降0.3个百分点。另外，行业技术创新也取得一定成效，差异化、功能性产品比重增加，企业品牌化发展趋势强化。

未来，随着棉花产量的下降，以及麻、丝、毛等原料的小众化，化纤将凭借其在价格、功能等方面的优势获得更多的市场份额。我国是化纤第一大生产国，随着行业转型升级和结构调整的稳步推进，未来发展值得期待。

第二节　存在问题

一、全球经济风险加大

2014 年 10 月，美联储宣布退出宽松货币政策，在此影响下国际市场发生了较大变化，给未来全球经济发展带来不确定性。一方面，全球资本流动性方向逆转，为应对资本回流带来的影响，欧洲央行宣布启动资产购买计划，资产负债规模将在未来两年中增加 1 万亿，日本也继续实施货币宽松政策推动日元贬值以应对通缩。短期来看，这些政策能够在一定程度上振兴本国经济，但是长期可能导致国内产能过剩，影响经济良性发展。另一方面，在美元维持升值势头的影响下，国际大宗商品价格下跌，部分资源出口国受到冲击，导致经济复苏受压。另外，新兴经济体需要展期的债务达到 1.68 万亿美元，美元升值将会显著增加新兴经济体债务展期成本，金融风险随之升温。

二、国际竞争进一步加剧

近年来，随着东南亚等国市场化改革的推进，越南、柬埔寨等国的纺织工业尤其是服装行业快速发展，出口高速增长，形成了对我国的出口替代。2008 年至今，越南、柬埔寨纺织工业出口分别增长了 78.5%、43.2%，而我国仅为 37.2%。在最为典型的服装行业，越南、柬埔寨的出口分别增长了 61.4%、24.1%，而我国仅为 18.6%。在最典型的市场，2014 年 1—8 月，美国自我国纺织服装累计进口 268.07 亿美元，同比减少 0.32%，不及越南、印度、墨西哥、巴基斯坦 13.82%、6.56%、1.44%、0.25% 的增速，也低于美国自全球纺织服装总进口 2.23% 的平均水平。进入 2015 年，随着产业配套水平的进一步提高和投资环境的不断改善，这些国家纺织工业的发展势头将更为强劲，我国面临的竞争力流失问题不可忽视。

三、用工问题制约产业发展

一方面，"用工难"问题进一步突出。受观念、收入等因素的影响，近年来纺织工业面临的用工需求缺口不断加大，多年来支撑纺织工业发展的农民工尤其是新生代农民工的城镇就业增长率逐年回落。2014年3季度，农村外出务工人数为17561万人，同比增加1%，增速较上年同期下降2.1个百分点。在纺织工业发展传统优势的江浙地区，"用工荒"已经成为一种常态。另一方面，用工成本不断攀升。纵向来看，近年来江苏、浙江、广东等纺织工业聚集的省份人员工资平均增速均高于同期纺织工业的增加值增速。横向来看，我国纺织行业劳动力成本高于东南亚地区平均水平，仰光、雅加达、胡志明市的最低工资标准均低于上海，其中，仰光的最低工资标准仅有上海的1/3。

四、产能过剩问题突出

自全球金融危机爆发以来，欧美日等发达经济体市场需求疲软，贸易保护主义盛行，导致我国纺织产品出口大幅下降。为应对国际市场环境恶化的不利局面，我国采取以投资拉动增长的发展策略，虽取得一定成效，但也导致了很多低水平的重复建设，行业产能严重过剩。2014年，纺织工业产成品库存增长6.4%，增速较上年同期增加1.4个百分点。虽然化学纤维产成品库存增速为负，但是从市场需求来看，目前全球纤维消费量约为8300万吨，到2020年预计将增加2000万吨左右，而我国现有产能完全可以满足这一增长需求。在外需不振、内需趋缓的市场环境中，产能过剩将严重制约企业获利能力，影响纺织工业的长足发展。

五、环境约束日益强化

一方面，受制于环保以及各地方产业转型升级的导向，印染行业作为产业链的关键环节，其生存空间日趋萎缩，传统优势地区的印染大量退出，对产业链的完整性形成极大挑战。另一方面，巨大的环保压力对纺织工业的可持续发展水平提出更高要求，国家对污染物排放进行总量控制的做法与产业发展需求形成矛盾，二甲苯（PX）项目难以落地，自主供给缺口进一步加大，新的原料问题因此凸显。另外，随着节能减排稳步推进，环保投入加重企业经营负担。由于纺织工业领域多为中小企业，在进行节能减排改造的同时面临着投资大、融资难、回报周期长等问题，一定程度上影响了企业的正常生产经营。

六、管理体制不完善

首先，棉花管理体制严重滞后于市场经济发展。进口棉花配额政策扩大了国内外棉价差，给企业经营带来很大不确定性，甚至影响到纺织产业安全。现行的棉花配额分配体制中，国有贸易企业分配比例过高，而大多数纺织企业特别是5万锭以下纺织企业根本没有资格申请，导致进口棉配额热炒现象。其次，纺织企业增值税"高征低扣"、劳动密集型企业税收优惠、中小企业融资、财政专项资金有效分配等政策的制定和实施亟待完善。例如，棉纱销项税为17%，而棉花进项税则为13%。棉纺企业增值税的"高征低扣"以及30%的企业所得税，抑制了企业的盈利能力，企业普遍税负太重。最后，纺织产业转移和企业"走出去"的相关政策有待完善。例如，在实施产业转移的过程中，由于缺乏相关的制度约束，部分地区为了争项目、争资源，不考虑当地资源环境条件、生态承载能力和产业发展基础，过分夸大地区优势，盲目引进项目，造成产业低水平重复建设。在实施"走出去"的战略中，存在对外投资审批部门过多、项目审批和外汇审批两条线的管理方式、投资地点和投资主体所有制诸多限制等情况，这些问题严重制约了企业对"两个市场、两种资源"的利用，减少了企业的投资机会。

第六章　医药工业

第一节　发展情况

一、运行情况

（一）工业增加值相对平稳增长

2014 年 1—12 月，受宏观经济运行低迷、债务紧缩、部分产品产能过剩、医保控费和出口市场不景气等因素影响，医药行业生产动力不足，医药行业增加值增速变化与整个工业基本趋同，出现略降。2014 年 1—12 月，全国规模以上工业增加值同比增长 8.3%，增速同比下降 1.4 个百分点。医药工业增加值同比增长 12.5%，增速同比下降 0.2 个百分点，比工业平均水平高 4.2 个百分点，在各工业门类中排名前列。

表 6-1　2014 年 1—12 月工业和医药行业增加值增速

时间	工业	医药行业
1—2月	8.6%	12.3%
1—3月	8.7%	12.8%
1—4月	8.7%	12.6%
1—5月	8.8%	13.2%
1—6月	8.8%	13.5%
1—7月	8.8%	13.3%
1—8月	8.5%	13.0%
1—9月	8.5%	12.8%

（续表）

时间	工业	医药行业
1—10月	8.4%	12.5%
1—11月	8.3%	12.5%
1—12月	8.3%	12.5%

数据来源：国家统计局，2015年3月。

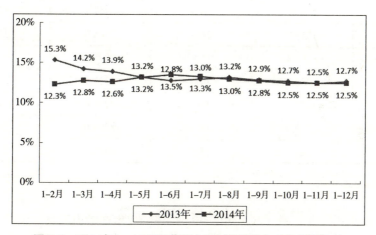

图6-1　2014年1—12月医药行业增加值增速与去年同期比较

数据来源：国家统计局，2015年3月。

（二）投资规模不断扩大，但增速有所回落

2014年1—12月，医药制造业完成固定资产投资5205.4亿元，同比增长15.1%，较2013年26.5%的增速出现明显下降。这主要是由于2014年我国依靠投资拉动经济发展模式发生转变，同时全国范围内已基本完成无菌药品生产企业的GMP改造，未通过认证企业除少数预计在2015年通过认证外，其他大部分企业由于生产规模较小以及改造成本过高等原因已放弃认证，减少固定资产投资。1—12月投资增速较1—2月和上半年分别下降了6.1个和1.3个百分点。

表6-2　2014年1—12月医药行业固定资产投资

时间	2014年		2013年	
	投资额（亿元）	比上年同期增长（%）	投资额（亿元）	比上年同期增长（%）
1—2月	295.8	21.2	244.1	34.0

（续表）

时间	2014年		2013年	
	投资额（亿元）	比上年同期增长（%）	投资额（亿元）	比上年同期增长（%）
1—3月	691.0	14.5	603.4	40.0
1—4月	1103.9	15.8	952.9	34.0
1—5月	1610.3	14.6	1405.3	36.1
1—6月	2265.9	16.4	1947.1	33.7
1—7月	2757.7	16.6	2365.0	33.9
1—8月	3268.4	16.8	2798.0	32.5
1—9月	3782.9	14.4	3313.9	32.5
1—10月	4277.1	14.7	3736.6	30.4
1—11月	4716.5	15.5	4094.0	27.5
1—12月	5205.4	15.1	4526.8	26.5

数据来源：国家统计局，2015年3月。

（三）主要产品产量下滑，供需情况不容乐观

在宏观经济增长放缓的大环境下，医药工业市场供求受到抑制，持续低位增长。从主要产品产量看，2014年以来，化学药品原药产量增长乏力。1—12月化学药品原药产量301万吨，同比增长5.1%，较1—2月下降24个百分点，较1—7月下降5.2个百分点。

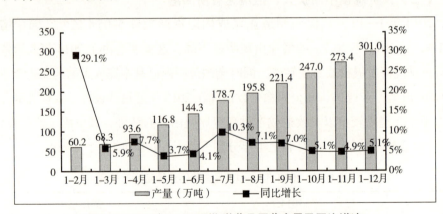

图6-2　2014年1—12月化学药品原药产量及同比增速

数据来源：国家统计局，2015年3月。

从需求情况看，2014 年 1—12 月，受医保控费、招标降价预期下经销商及医院去库存的影响，中西药品零售额增速出现明显下滑。2014 年 1—12 月，中西药品零售额为 6960.4 亿元，同比增长 15.0%，增速较 2013 年同期的 17.7% 下降了 2.7 个百分点。可见，医药消费市场面临的形势依然比较复杂，市场有效需求有待提升。

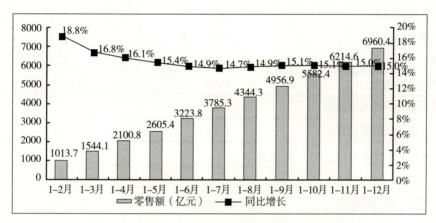

图6-3　2014年1—12月中西药品零售额及同比增速

数据来源：国家统计局，2015 年 3 月。

从价格情况看，2014 年 1—12 月，中西药品及医疗保健用品零售价格保持稳定。2014 年 1—12 月，中西药品及医疗保健用品零售价格同比上涨 1.7%，较上年同期上升 0.4 个百分点。

（四）出口形势低迷，行业间差异明显

2014 年 1—12 月，国外环境复杂，美国 FDA 年初发布药品进口警告，新增了对包括我国在内的部分地区部分药企的进口警示，医药工业企业实现出口交货值 1770.8 亿元，同比增长 6.4%，较 2013 年增速上升 0.8 个百分点。据海关进出口数据，医药产品出口额为 545 亿美元，同比增长 5%。

从细分行业看，2014 年 1—12 月，除化学药品制剂制造和中药饮片加工出口交货值较 2013 年同期明显下降外，其他子行业出口交货值均实现不同程度增长。其中，中成药生产、卫生材料及医药用品制造出口交货值增速均高于 10%，且高于医药行业整体水平。从贡献率来看，化学药品原药制造业对医药行业出口交货值贡献最大，占比为 34.2%，而中药饮片加工业对医药行业出口交货值贡献较小，占比仅为 1.6%。

表6-3　2014年1—12月医药行业及主要子行业出口交货值情况

行业名称	出口交货值（亿元）	比去年同期增长（%）
医药行业	1770.8	6.4
化学药品原料药制造	605.1	4.1
化学药品制剂制造	147.1	−3.6
中药饮片加工	28.9	−2.0
中成药生产	64.0	32.3
生物药品制造	216.2	3.7
卫生材料及医药用品制造	190.6	13.6
医疗仪器设备及器械制造	474.5	8.9

数据来源：国家统计局，2015年3月。

二、效益情况

（一）盈利能力分析

1. 收入和利润增速回落明显

2014年1—12月，医药工业企业实现主营业务收入24553.2亿元，同比增长13.1%，高于全国工业平均增速6.1个百分点，较2013年增速下滑3.9个百分点。利润总额2460.7亿元，同比增长12.1%，高于全国工业平均水平9个百分点，但

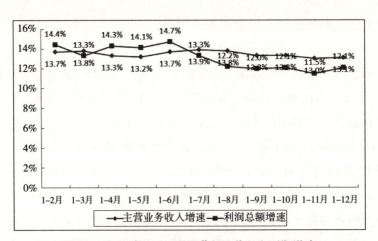

图6-4　2014年1—12月医药行业收入和利润增速

数据来源：国家统计局，2015年3月。

较 2013 年增速下滑 5.3 个百分点。利润增速低于主营业务收入增速，同比 2013 年增速下降较大。八个子行业中，主营业务收入除中药饮片、卫生材料及医药用品、中成药、生物药品、医疗仪器设备及器械制造等 5 个增速高于行业平均水平，其他 3 个均低于当期行业平均增速。利润总额除化学原料药、化药制剂、医疗仪器设备及器械制造的利润增速高于行业平均水平，其他均低于平均水平，制药机械制造最低，只有 5.2%。

重点产品中，化学原料药价格有所回升，盈利状况改善。经历了价格长期低迷，随着一些厂家主动减产或因环保不达标被动减产，很多大宗原料药产品价格都出现了触底反弹，化学药品原料药制造因此成为仅次于化学药品制剂和医疗仪器设备及器械制造的利润增速较快的子行业，达到 12.3%，高于收入增速 0.1 个百分点。

2. 销售利润率情况分析

2014 年 1—12 月，医药工业利润率 10%，较 2013 年全年累计 10.1% 有所下降，高于全国工业平均水平 4.1 个百分点，全年销售利润率基本保持稳定。1—12 月，销售利润率为 10%，相比 1—2 月的销售利润率 9.6%，提高了 0.3 个百分点。

从细分行业方面，2014 年 1—12 月，化学药品制剂制造业销售毛利率高为 39.7%，居各子行业首位；生物药品制造业销售净利率为 11.7%，位居各子行业首位，表明其盈利能力最强；化学药品原药制造业和中药饮片加工业的主要利润率指标居各子行业后两位，表明其盈利能力相对较弱，这主要受环保成本升高以及中药材降价的影响。

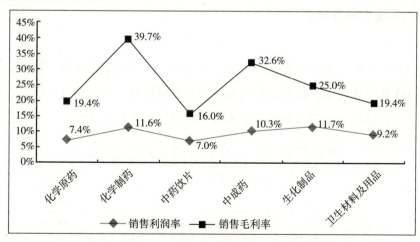

图6-5　2014年1—12月医药行业主要子行业利润率比较

数据来源：国家统计局，2015 年 3 月。

3. 成本费用控制压力上升

2014 年 1—12 月，全国工业企业成本费用利润率为 6.4%，而医药工业为 11.1%。各子行业中，化学制剂和生化制品成本费用利润率分别高达 13.1% 和 13.4%，医药行业成本费用远远高于全工业总成本。分析其中的原因，主要是过去几年大规模固定资产投资带来成本增加，此外企业融资成本上涨严重，贷款难，贷款利率高，给一些中小企业带来很大的压力。新产品增长慢，由于国家医保目录 5 年未调整以及进地方医保难，一些近年上市的新药开发市场面临难度。

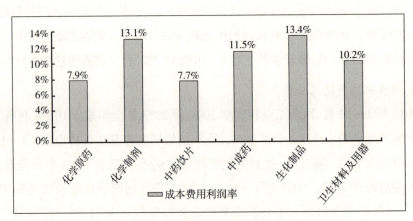

图6-6　2014年1—12医药工业主要行业成本费用利润率

数据来源：国家统计局，2015 年 3 月。

（二）偿债能力分析

1. 资产负债情况

2014 年以来，医药工业总资产增长速度快于总负债增长速度，资产负债率相比 2013 年呈现降低的态势，长期偿债能力有所缓解。2014 年 1—12 月，医药工业资产同比增长 16.5%；同期，医药行业负债同比增长 14.1%。

表 6-4　2014 年 1—12 月医药工业资产负债情况

时间	资产同比增长	负债同比增长
1—2月	15.3%	14.7%
1—3月	15.8%	15.7%
1—4月	16.2%	16.4%

（续表）

时间	资产同比增长	负债同比增长
1—5月	16.3%	17.1%
1—6月	16.4%	16.2%
1—7月	16.4%	16.3%
1—8月	16.7%	16.0%
1—9月	16.5%	15.6%
1—10月	16.9%	14.8%
1—11月	17.0%	15.9%
1—12月	16.5%	14.1%

数据来源：国家统计局，2015年3月。

从横向比较来看，作为轻资产及固定资产通用性较高的产业，医药行业杠杆率普遍偏低，债务负担较轻，资产负债率低于45%，而煤炭、化工、造纸等行业的资产负债率普遍大于50%，炼钢、汽车等行业的资产负债率则高达70%。

从细分行业看，环保压力导致化学原料药行业的固定资产投资增加，在医药行业的细分行业中，资产负债率处于较高水平，高于行业平均水平，达到48.7%。生化制品的资产负债率在各细分行业中最低，仅为34.7%，长期偿债能力较强。其他细分行业资产负债率均匀分布于40%上下，远远低于煤炭、化工、炼钢等行业。

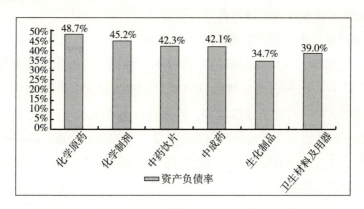

图6-7　2014年1—12月医药工业主要行业资产负债率比较

数据来源：国家统计局，2015年3月。

2.行业亏损情况

2014年1—12月，医药工业企业数为6797家，其中亏损企业数651家，亏损面为9.6%。亏损企业累计亏损额为72.8亿元，亏损深度为3.1%。从细分子行业看，化学原料药行业亏损面最大为12.7%，高于医药制造业3.1个百分点，中药饮片和卫生材料及医药用品行业亏损面较小，分别为5.1%和5.4%，分别低于医药工业4.5个和4.2个百分点。亏损深度方面，化学原料药达到6.7%，在细分行业中最高，中药饮片为1.4%，在细分行业中最低。

表6-5　2014年1—12月医药工业主要子行业亏损情况

行业	亏损面	亏损深度
医药制造业	9.6%	3.1%
化学原料药	12.7%	6.7%
化学制剂	12.1%	3.1%
中药饮片	5.1%	1.4%
中成药	10.4%	2.0%
生物药品	10.4%	3.5%
卫生材料及医药用品	5.4%	1.6%

数据来源：国家统计局，2015年3月。

（三）营运能力分析

1.应收账款经营效率小幅提升

2014年以来，由于平均收账期缩短，坏账损失减少，医药行业应收账款周转率快于上年同期，对应收账款的经营效率小幅提升。国家统计局数据显示，2014年1—12月，医药行业应收账款净额为2586.8亿元，同比增长15.0%。与2013年同期相比，应收账款净额增加，同比增长率降低。

从细分子行业看，化学药品原料药制造业和生物药品制造业应收账款周转率较快，有助于其营运能力的提升；化学药品制剂制造业应收账款周转率较慢，对其营运能力造成不利影响。

2.流动资产周转次数较为稳定

2014年以来，医药行业对流动资产的利用效率相对较为稳定。国家统计局数据显示，2014年1—12月，医药行业流动资产合计为11442.0亿元，同比增长

14.4%，流动资产周转次数为 2.0 次，与 2013 年 1—12 月持平。

从细分子行业看，中药饮片加工业流动资产周转次数最高，对流动资产的利用最为充分，进而有助于其营运能力的提升；化学药品制剂制造业流动资产周转次数相对较低，这与其现金流的改善不明显有直接关系，进而对其营运能力造成不利影响。

三、重点领域或重点产品情况

（一）化学制药行业收入和利润增速大幅下滑

2014 年以来，化学制药行业收入和利润增速均出现大幅下滑。一方面，部分大宗化学原料药产能过剩仍然严重，低迷状态仍在延续。另一方面，最高零售限价政策致使上半年出现退换货现象，对行业利润水平带来不利影响，化学制剂行业盈利水平受到一定影响，利润增速有所下滑。从主营业务收入看，2014 年 1—12 月化学药品原料药制造业实现主营业务收入 4240.3 亿元，同比增长 11.4%，增速较 2013 年同期下滑 2.3 个百分点；化学药品制剂制造业实现主营业务收入 6303.7 亿元，同比增长 12.0%，增速较 2013 年同期下滑 3.8 个百分点。从行业利润看，2014 年 1—12 月化学药品原药制造业实现利润总额 311.8 亿元，同比增长 12.3%，增速较 2013 年同期下降 1.8 个百分点；化学药品制剂制造业实现利润总额 733.9 亿元，同比增长 16.1%，增速较 2013 年同期下降 0.3 个百分点。

（二）中成药制造业出口和利润两重天

2014 年以来，中成药制造业出口交货值增速得到大幅提高，利润增速降低。出口方面，中药企业经过前两年的结构调整和国家对于国际贸易环境的政策支持，中成药出口环境得到显著改善；利润方面，新版基药目录新增中药品种，在扩容中药市场需求的同时，也在一定程度上降低了中成药价格。从出口交货值看，2014 年以来，中成药制造业出口交货值得到快速增长。2014 年 1—12 月，实现出口交货值 64.0 亿元，同比增长 32.3%，比 2013 年同期增速提高 42.4 个百分点；从行业利润看，2014 年 1—12 月，中药制造业实现利润总额 598.0 亿元，同比增长 9.3%，增速比上年同期下降 2.4 个百分点。

（三）生物药品制造业利润稳步回升

自 2012 年下半年以来，受益于药品市场继续扩容及"关停血浆站"影响的褪去，生物药品制造业利润增速保持小幅回升的态势。此外，国内主要生物制药企业开始加大生物制药领域的研发投入，新产品推出速度开始加快，也在一定程度上提高了盈利水平。从行业利润看，2014年1—12月，我国生物药品制造业实现利润总额321.8亿元，同比增11.8%，增速较2013年同期下降1.4个百分点。从销售利润率看，2014年1—12月，生物药品制造业销售利润率为11.7%，低于2013年1—12月份0.2个百分点，位列医药各子行业首位，分别高于化学原料药和中药饮片行业4.3个和4.7个百分点。

第二节　存在问题

一、国内外环境变化导致内外需不足

国内方面，医保控费抑制药品需求的增长。2013年城镇基本医疗保险基金收入8248亿元，支出6801亿元，分别比上年增长18.9%和22.7%，当年医保资金结余率17.54%，较2012年、2011年分别下降2.56%、1.21%，医保基金的缺口问题愈发严峻，医保控费成为医保部门当前的重要任务。随着开展医保费用总额控制的地区增多、力度加大，对药品需求会产生抑制，特别是价格较高的外资企业药品临床应用总量增速明显下降。

国际方面，医药出口增长压力依然较大。原料药出口对外贸易增长持续低迷，作为新出口增长点的制剂药、医疗设备出口增速下降。美国FDA年初发布药品进口警告，新增了对包括我国在内的部分地区部分药企的进口警示。美国FDA还将进一步对中国进口的未在中国注册的化学原料药加大监管力度。

二、药品集中采购政策限制因素仍较多

药品集中采购政策限制因素仍较多。随着《公立医院药品集中采购工作的指导意见》的完善出台，以及新一轮基本药物目录和医保目录的周期性调整，2015年将迎来各地药品招标的集中时期，"双信封"招标采购范围扩大，允许公立医院试点城市的医疗机构二次议价等新政策使医院药品降价成为必然，将对医药企业市场开发和盈利产生不确定影响。

三、多重因素导致药品供应保障不足

首先，新版GMP的实施使得部分制剂产销量下降。未通过认证的无菌药品

企业 2014 年停止了生产，少数企业退出生产，更多企业实施改造和准备认证，造成部分制剂产量相应下降。根据统计数据，前 3 季度无菌粉针剂产量同比下降 19.7%，注射液产量同比下降 4.61%，胶囊产量同比下降 3.84%。

其次，环保因素制约部分化学原料药企业生产。国家和地方环保部门加大了环保检查和处罚力度，一些污染物不能达标排放的企业被勒令停产或减少产量。江浙地区一些企业受能源供应不足影响，也造成了产量下跌。前 3 季度，原料药生产大省河北、浙江、辽宁等医药工业销售收入增速下滑一半多，只有 3%—8%，抗感染类药物原料药产量和出口量均同比降低约 2%。

四、新药注册审批时间长制约我国新药研制

近年来，重大新药创制政策等相继出台，激发了企业研制新药的热情，而新药研发具有周期长、投资大、风险高等特点，我国新药审批长，新药保护期时间短，新药前期投入研发成本很难收回，严重阻碍了新药研制的动力。多数企业反映我国申请进入临床试验（即新药临床试验申报）规定的审批时间是 60—90 天，但实际上多数企业拿到批文最快需要 1 年左右的时间。而美国新药临床试验申报审批时间为 30 天，印度为几周到 30 天。解决此问题的有效途径从近期看，可增加药品评审人员编制，借鉴美国以聘用制模式壮大审评专家队伍，对我国有自主知识产权的创新药物、有利于降低患者医药负担的首仿药物、治疗重大疾病的药物、影响国家战略安全的药物，采用绿色通道等措施，探索分级分类评审，适当向省级部门放权；从远期看，需要不断完善新药评审制度，提高评审能力和效率。

五、医药不分成为阻碍行业发展的最大障碍

当下我国医药不分的体制模式导致诸多行业问题。一是过度用药。目前，我国医院的收入主要来自财政拨款、医疗服务收入和药品差价收入三部分。由于财政拨款和医疗服务收入相对稳定，而药品差价收入随着药品销售额的增加而增加，这就会促使医院为增加收入而增加药品销售量和优先销售单价较高的药品，导致过度用药。统计资料显示，2009—2012 年期间我国医院门诊人次均药费占全部医药费比均超 50%，而美国医院门诊人次均药费占全部医药费比重平均仅为 10%。二是限制生产企业创新意识。医药行业部分领域既属于高新技术范畴，也是战略新兴产业的重要组成部分。由于医药不分，我国药企表现出来的研发创新能力薄弱，主要依靠价格战和更换包装提高价格等粗浅手段占领市场。三是导致

"大回扣、高定价"现象频发。在"以药养医"体制下，通过以省、区、市为单位的药品集中招标采购，确定公立医疗机构的药品采购价，公立医疗机构在采购价的基础上按照15%的统一加成率确定零售价。这一不合理的加成制度形成了对公立医疗机构采购高价药、医疗服务人员开具高价药处方、制药企业生产供应高价药的激励，使得高药价大行其道。从公立医疗机构层面看，由于中标价越高的药品利润也越高，对医疗机构的利益贡献越大，所以公立医疗机构更倾向于采购高价药。从医疗服务人员层面看，在现行薪酬分配体系中，医疗服务人员收入直接与处方挂钩，高价药因为利润高在处方开具中必然是首选，加之医药销售代表的按处方给予"额外回报"，所以医疗服务人员从自身利益出发倾向于开大处方和高价药。

第七章 食品制造业

第一节 发展情况

一、运行情况

（一）固定资产投资增速平稳

近年来，我国食品制造业固定资产投资呈稳步增长之势，投资效益水平稳步上升。同时，受益于国家对食品安全诚信体系建设力度的不断加大，食品安全检验检测的要求不断提高，这也增加了食品制造行业的固定资产投资水平。2014年我国食品制品业固定资产投资项目累计实际完成投资总额 4463.1 亿元，同比增长 22%。与上半年相比，食品制造业固定资产投资同比增速下降 7.1 个百分点。

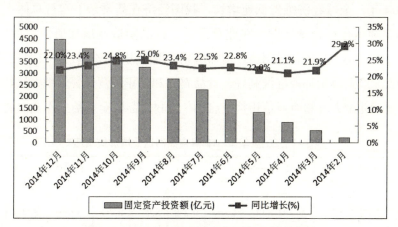

图7-1 2014年食品制造业固定资产投资增速

数据来源：国家统计局。

（二）行业景气指数反弹

2014年1季度，食品制造业行业景气指数回落，但预期企业景气指数高于即期企业景气指数1.9点，未来的预期较为乐观。2014年上半年，行业景气指数延续回落态势，但预期企业景气指数已连续2个季度高于即期企业景气指数，企业对未来的预期仍较为乐观。进入3季度，行业景气指数反弹，预期企业景气指数始终高于即期企业景气指数，企业对未来的预期仍较为乐观。

图7-2　2014年食品制造业企业景气指数

数据来源：Wind数据库。

（三）食品制造业增加值增速稳中微落

2014年，全球经济维持低速增长，我国经济在新常态下运行总体平稳，经济指标继续运行在合理区间。在此背景下，食品制造业增加值增速稳中微落。2014年1—12月，我国食品制造业增加值累计增速为8.6%，较1—2月回落了0.8个百分点。产业政策环境继续利好，食品召回和停止经营监督管理办法征求意见出台；婴幼儿配方乳粉企业信用档案启动；农村食品安全整治工作全面展开。

表7-1　2014年1—12月食品制造业增加值增速

行业名称	1—2月	1—3月	1—4月	1—5月	1—6月	1—7月	1—8月	1—9月	1—10月	1—11月	1—12月
食品制造业	9.4%	9.4%	9%	8.9%	8.9%	9.2%	8.9%	8.7%	8.6%	8.5%	8.6%

数据来源：国家统计局。

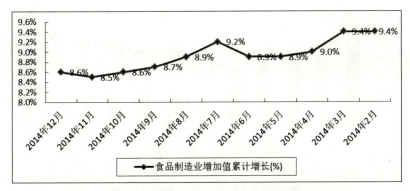

图7-3　2014年12月食品制造业增加值及增速变化趋势

数据来源：国家统计局。

（四）产品产量涨跌互现

2014年尽管我国食品制造业固定投资增速回升，且仍保持较快增长，但受需求市场不振的影响，行业增加值持续走低，主要工业产品产量增速持续下降。2014年1—12月，乳制品产量达2651.8万吨，较2013年同期降低了1.2%，罐头同期产量达1172万吨，较去年同期增长4.7%，主要工业产品产量涨跌互现。

表7-2　2014年1—12月食品制造业主要工业产品产量增速

主要工业产品名称	本月（万吨）	本月止累计（万吨）	比上年同月增长（%）	比上年同期增长（%）
乳制品	232.3	2651.8	−4.7	−1.2
罐头	118.2	1172.0	3.8	4.7

数据来源：国家统计局。

（五）出口交货值持续低位徘徊

由于外需市场前景依旧惨淡，2014年我国食品制造业行业出口交货值持续低位徘徊。2014年12月，食品制造业出口交货值为109.6亿元，同比增长7.2%。1—12月累计，食品制造业累计出口交货值1109.9亿元，同比增长4.5%，这一增速较2014年上半年回落了3.1个百分点。

图7-4　2014年1—12月食品制造业累计出口交货值及增速变化趋势

数据来源：国家统计局。

（六）出厂价格指数平稳回落

自2013年年底以来食品制造业出厂价格指数呈平稳态势。但进入2014年8月后，食品制造业工业生产者出厂价格指数出现回落。2014年12月，食品制造业工业品出厂价格指数为100.6，较2014年上半年回落了1.8个百分点，较2013年同期上涨了回落了1.1个百分点。

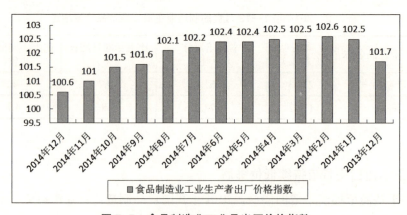

图7-5　食品制造业工业品出厂价格指数

数据来源：国家统计局。

二、效益情况

（一）主营业务收入增速高于利润总额增速，盈利能力仍显不足

2014年上半年，食品制造业在消费结构升级效应显现的利好作用下，主营

业务收入和利润增速温和回升，但受制于成本压力，行业利润率仍未见起色，行业盈利能力低于预期。2014 年 1—12 月，食品制造业实现主营业务收入为20261.67 亿元，同比增长 12.3%，与 2014 年上半年相比回落 0.5 个百分点；同期，行业利润总额为 1692.61 亿元，同比增长 9.8%，较 2014 年上半年回落 2.9 个百分点，低于主营业务收入增速 2.5 个百分点。

表 7-3 2014 年 1—12 月食品制造业主要子行业主营业务收入和利润总额增长情况

	利润总额（亿元）	利润总额增长率（%）	主营业务收入（亿元）	主营业务收入增长率（%）
食品制造业	1692.6	9.8	20261.7	12.3
烘焙食品制造焙烤食品制造	202.7	8.0	2426.7	10.3
糖果、巧克力及蜜饯制造	157.2	1.2	1714.0	10.8
方便食品制造	238.1	0.4	3463.9	10.0
液体乳及乳制品制造	225.3	25.7	3297.7	18.1
罐头制造	91.5	7.6	1631.7	8.5
调味品、发酵制品制造	225.5	14.6	2649.1	14.0
其他食品制造	552.2	10.3	5078.6	12.1

数据来源：国家统计局。

表 7-4 2014 年上半年及 1—12 月食品制造业主要子行业主营业务收入和利润总额增长情况

	主营业务收入（亿元）	主营业务收入增长率（%）	利润总额（亿元）	利润总额增长率（%）
2014年6月	9,337.1	12.7	721.6	12.7
2014年12月月	20,261.7	12.2	1,692.6	9.8

数据来源：国家统计局。

就各子行业看，2014 年液体乳及乳制品制造、调味品、发酵制品制造及其他食品制造利润总额增速均高于行业总体水平。其中，液体乳及乳制品制造利润总额增速最快。1—12 月，液体乳及乳制品制造累计利润总额 225.30 亿元，同比增长 25.7%，增速不仅高出食品制造业 9.8% 的总体水平，也高于该行业主营业务收入 12.3% 的增速。同期，烘焙食品制造、糖果、巧克力及蜜饯制造、方便食品制造、罐头制造以及其他食品制造利润增速也高于主营业务收入增速，说明上述行业企业盈利能力有所提升，而其他子行业盈利前景不容乐观。

（二）资产负债率持续回落

2014 年 1—12 月，食品制造业资产总额为 12929.4 亿元，同比增长 13.6%；负债总额 5983.3 亿元，同比增长 8.3%，资产负债率为 46.3%，与 2014 年上半年的 47.2% 基本相当。资产增速快于负债增速，说明食品制造企业的生产经营状况有所改善，企业长期偿债能力得到提升。就各子行业，液体乳及乳制品制造业、罐头制造业和调味品制造业资产负债率高于食品制造业整体行业水平。其中液体乳及乳制品制造业资产负债率最高，2014 年 1—12 月，该行业资产负债率达到53.5%，企业的债务风险明显高于其他子行业。总体来看，食品制造各子行业企业资产负债率均保持在可控范围之内，说明企业具备一定的防御债务风险能力。

表 7-5 　2014 年 1—12 月食品制造业主要子行业资产负债率情况

	资产（亿元）	资产增长率（%）	负债（亿元）	负债增长率（%）	资产负债率（%）
食品制造业	12929.4	13.6	5983.3	8.3	46.3
烘焙食品制造焙烤食品制造	1293.5	12.6	521.0	7.8	40.3
糖果、巧克力及蜜饯制造	1031.2	11.6	398.3	−6.2	38.6
方便食品制造	1970.3	13.0	821.5	10.4	41.7
液体乳及乳制品制造	2321.2	12.5	1241.3	10.9	53.5
罐头制造	848.6	7.2	452.8	3.1	53.4
调味品、发酵制品制造	2114.2	14.9	1009.9	9.9	47.8
其他食品制造	3350.3	16.7	1538.6	10.4	45.9

数据来源：国家统计局。

（三）亏损情况加剧

2014 年 1—12 月，食品制造业累计企业总数为 7781 个，其中累计亏损企业达到了 670 家，亏损面为 8.6%。就各子行业看，2014 年 1—12 月，液体及乳制品制造业亏损面最高，达到 15.8%。亏损的主要原因在于两个方面：一是原料成本与物流成本上涨；二是输入性因素的影响。由于婴幼儿配方乳粉的配料大部分进口，因此国际乳品价格的上涨将会驱动我国乳品企业生产成本的上涨，进而加剧企业的亏损。

表 7-6 2014 年 1—12 月食品制造业及主要子行业亏损企业亏损情况比较

行业	亏损企业数量（个）	企业亏损面（%）	亏损企业亏损额同比增长（%）
食品制造业	670	8.6	50.4
烘焙食品制造	115	9.0	32.2
糖果、巧克力及蜜饯制	33	4.4	44.4
方便食品制造	87	6.7	16.0
液体乳及乳制品制造	100	15.8	78.7
罐头制造	78	9.2	53.9
调味品、发酵制品制造	74	6.8	23.4

数据来源：国家统计局。

三、重点领域或重点产品情况

（一）各子行业发展呈分化之势

受不同因素的影响，食品制造业的各个子行业的发展呈现分化之势。其中，乳品制造和方便食品制造的发展势头将更为强劲。乳品制造业方面，自 2010 年以来，国家不断加大对乳品行业的调控力度，国务院办公厅、工信部、国家发改委等相继发布了一系列密集的行业政策，旨在清理整顿淘汰一批落后企业，提高行业准入门槛。同时，随着国家对食品安全监管力度的加大，消费者对国产乳品的信任危机有望改善。在这两个方面的共同作用下，将会促进乳品行业的健康发展。在方便食品制造方面，虽然速冻食品行业自 2011 年底遭受食品安全危机，但作为方便食品的重要部分，冷冻食品极大地满足了快节奏生活群体的消费需求，使方便食品保持良好的增长势头，成为食品制造业发展的重要推动力。

（二）方便食品制造业市场空间不断扩大

随着我国城市化率的提高以及城镇居民可支配收入水平的提高，方便食品作为食品制造行业的重要细分行业之一，极大满足了快节奏生活群体的消费需求，消费增长势头强劲，成为食品制造业发展的重要推动力。统计数据显示，方面食品制造行业销售收入由 2003 年的 222 亿元增加到 2013 年的 571.9 亿元。同时，由于我国方便食品制造业不断加快资本整合，市场格局也有所突破。2014 年全国方便食品制造企业 1293 家，实现主营业务收入 3463.9 亿元，同比增长 10%。其中，米面制品制造、速冻食品制造、方便面及其他方便食品制造业分别占方便食品制造主营业务收入的 24.7%、22.6% 和 52.7%；米、面制品制造企业 533 家，实现主营业务收入 855.9 亿元，同比增长 15.6%；速冻食品制造企业 369 家，实现主营业务收入 782.3 亿元，同比增长 15.7%；方便面及其他方便食品制造企业实现主营业务收入 391 亿元，同比增长 5.3%。

同时，近年来粮食的丰产和粮价趋稳也降低了方便食品行业的成本变动风险，为食品工业的发展提供了重要的保障。作为食品制造业的基本原料，粮食产量的高低与粮价的走势将直接影响食品制造业的发展水平。粮食产量的增加将会带来粮价的趋稳，食品制造业的原料成本上涨将会得到遏制，进而促进了食品制造业的发展。

（三）乳品制造发展势头强劲

自 2008 年年底颁布实施《奶业整顿和振兴规划纲要》以来，针对乳制品行业的政策接连出台。2010 年，国务院办公厅发布了《关于进一步加强乳品质量安全工作的通知》要求；工信部、国家发展改革委发布了《乳制品工业产业政策（2009 年修订）》相关准入要求，国家质检总局发布 2010 年版《企业生产婴幼儿配方乳粉许可条件审查细则》和《企业生产乳制品许可条件审查细则》。2013 年 5 月 31 日，国务院总理李克强主持召开国务院常务会议，在我国婴幼儿配方乳粉行业面貌发生较大改变情况下，研究部署进一步加强婴幼儿配方乳粉质量安全工作。2014 年 6 月 13 日，国务院办公厅转发了由工业和信息化部、发展改革委、财政部和食品药品监管总局联合制定的《推动婴幼儿配方乳粉企业兼并重组工作方案》（以下简称《工作方案》）。如此密集的行业政策意在清理整顿淘汰一批落后企业，提高行业准入门槛。可以预计，国家对乳品行业的调控力度还将加大，重复建设严重的局面将会得到改善。另外，随着国家对食品安全监管力度的加大，消费者对国产乳品的信任危机有望改善。在这两个方面的共同作用下，将会促进乳品行业的健康发展。

第二节　存在问题

一、行业处于成长期，集中度有待进一步提升

食品制造业是事关国计民生的重要产业，在扩大内需促进消费的政策下会对经济发展起到一定的推动作用。自 2005 年以来，我国食品制造业收入年复合增长率达到 23.65%，行业处于成长期。近年来，尽管我国食品制造企业组织结构和规模发生了显著变化，龙头企业数量大幅增加，行业生产集中度有所提高，至"十一五"期末，我国食品制造业已形成了大、中、小企业协作发展、企业组织结构不断优化的格局。但是由于食品制造业属劳动密集型产业，准入门槛低，精细加工程度较弱，造成产品同质化严重。同时，中小型企业仍占据了行业大半壁江山，大型企业数量依然偏小。随着城镇化的不断推进，食品制造业结构将进一步优化，行业集中度将进一步提升。

二、主要运行指标放缓，盈利能力不足

2014 年，食品制造业虽然总体呈现平稳发展态势，但是在经济增速放缓，市场需求萎缩的背景下，生产有所放缓，工业增加值、出口交货值和行业利润率等主要运行指标放缓。具体表现在，行业景气指数延续回落态势；行业固定资产投资中虽然增速回升，且保持较快增长，但受终端购买力下滑的影响，行业增加值持续走低，产品产量涨跌互现；由于外需市场前景依旧惨淡，行业出口交货值持续抵位徘徊。

三、产业政策环境利好，食品安全问题严峻

近年来，三聚氰胺、瘦肉精、银鳕鱼、毒蜜饯等一系列重大食品质量安全事件的频频发生，引发了政府和民众对食品质量安全问题的高度重视和担忧，食品安全形势十分严峻。2014 年，我国经济在新常态下运行总体平稳，经济指标继续运行在合理区间。在此背景下，食品制造业增加值增速稳中微落，产业政策环境继续利好。从产业政策环境来看，为标本兼治食品安全问题，严惩重处食品安全违法犯罪，相关部门相继出台了 2014 年食品安全重点工作、诚信体系建设以

及婴幼儿配方乳粉企业兼并重组方案等一系列严厉监管政策，以确保食品行业健康稳定地发展。"国以民为本，民以食为天，食以安为先"，食品安全关系国计民生和社会和谐。要防范食品安全事件，其核心在于今后必须加快标准体系建设，完善食品安全监管体制，强化第三方检验检测制度，大力推进诚信和可追溯体系建设，建立信息披露及动态预警机制等。

四、婴幼儿配方乳粉行业兼并重组亟待推进

长期以来，我国婴幼儿配方乳粉生产企业存在水平参差不齐，布局分散、企业竞争力不足等问题。2014年6月国务院办公厅转发了由工业和信息化部、发展改革委、财政部和食品药品监管总局联合制定的《推动婴幼儿配方乳粉企业兼并重组工作方案》，这对促进婴幼儿配方乳粉行业向产业规模化、产品专业化、企业规模化和管理现代化发展意义重大。现阶段，我国婴幼儿配方乳粉行业已经进入了兼并重组的关键调整期。尽管我国婴幼儿配方乳粉前10位企业的行业集中度超过65%，但与发达国家相比，行业集中度仍亟待提高。

第八章　家电制造业

第一节　发展情况

一、运行情况

（一）主营业务收入增速持续下滑

2014 年 1—12 月，家电行业主营业务收入 14139.13 亿元，同比增长 10.0%。整体来看，今年家电销售陷入低增长区间，多个月份增速低于两位数。自 3 月份达到年增速最大值 12.0% 后，后几个月整体呈现出下滑态势。相比 2013 年，2014 年增速比 2013 年低 4.2 个百分点，其中各月家电主营业务收入增长均低于 2013 年同期，特别是 1—5 月份低于 2013 年同期 10.0 个百分点。

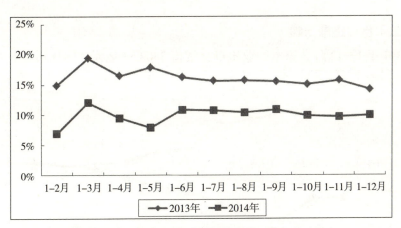

图8-1　2014年家电行业主营业务收入同比增长情况

数据来源：国家统计局，2015 年 2 月。

分行业来看，除家用通风电器具和家用清洁卫生电器具外，其他子行业主营业务收入增长相对一致，其中家用制冷电器和家用通风电器具增速最为明显。家用通风电器具、家用清洁卫生电器具主营业务收入分别为 409.3 亿元和 1368.8 亿元，分别同比增长 0.65% 和 5.83%。从结构来看，2014 年家电行业主营业务收入主要来自家用制冷电器、家用空气调节器和家用厨房电器，占家电份额分别为25.2%、36.3% 和 13.3%，三行业累计份额为 74.8%。

表 8-1　2014 年家电子行业主营业务收入增长情况及份额

	主营业务收入（亿元）	增速（%）	份额（%）
家用电力器具制造	14139.1	9.97	100.0
家用制冷电器具制造	3565.6	11.01	25.2
家用空气调节器制造	5127.9	11.44	36.3
家用通风电器具制造	409.3	0.65	2.9
家用厨房电器具制造	1879.2	10.45	13.3
家用清洁卫生电器具制造	1368.8	5.83	9.7
家用美容、保健电器具制造	321.5	8.16	2.3
家用电力器具专用配件制造	868.1	9.72	6.1
其他家用电力器具制造	598.6	8.16	4.2

数据来源：国家统计局，2015 年 2 月。

（二）出口逐渐回暖

2014 年 1—12 月，家电行业出口交货值 3402.54 亿元，同比增长 5.4%。自

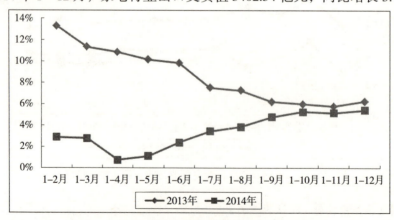

图8-2　2014年家电行业出口交货值同比增长情况

数据来源：国家统计局，2015 年 2 月。

4月份后，家电行业出口增速一路上扬，从0.8%增加到5.4%。相比2013年，2014年出口增速低于2013年，其中各个月份增速均低于2013年同期。

分行业来看，出口增速差异明显。2014年1—12月，家用制冷电器具、家用清洁卫生电器具和家用美容、保健电器具出口额分别为582.7亿元、417.9亿元和86.0亿元，同比增速分别为11.8%、15.6%和12.1%，均高于家电整体增速。其他子行业出口增速均低于家电整体，其中家用通风电器具同比下降3.0%。从出口结构来看，2014年我国家电出口主要为家用空气调节器、家用厨房电器具、家用制冷电器具和家用清洁卫生电器具，出口份额分别为31.3%、19.8%、17.1%和12.3%，四行业累计份额达到80.5%。

表8-2 2014年家电子行业出口增长情况及份额

	出口（亿元）	出口增速（%）	份额（%）
家用电力器具制造	3402.5	5.4	100.0
家用制冷电器具制造	582.7	11.8	17.1
家用空气调节器制造	1065.4	1.4	31.3
家用通风电器具制造	158.3	−3.0	4.7
家用厨房电器具制造	673.4	3.4	19.8
家用清洁卫生电器具制造	417.9	15.6	12.3
家用美容、保健电器具制造	186.0	12.1	5.5
家用电力器具专用配件制造	74.3	3.1	2.2
其他家用电力器具制造	244.4	1.1	7.2

数据来源：国家统计局，2015年2月。

（三）主要产品增长情况不乐观，不同产品增长分化明显

监测的16种家电产品中，空气调节器、吸排油烟机、电饭锅、电光源和灯具及照明装置快速增长，增速均高于10%，而电冰箱、冷柜、电热烘烤器具、电冷热饮水机和洗衣机5种产品产量同比下降，分别同比下降1.0%、3.4%、2.9%、2.5%和3.3%。电风扇、电热水器、吸尘器和燃气热水器4种家电产品增长亦不乐观，增速均低于2%。

表 8-3 2014 年家电产品产量及增长情况

	产量	同比增长（%）
家用电冰箱（万台）	9337.0	−1.0
家用冷柜（家用冷冻箱）（万台）	1800.6	−3.4
房间空气调节器（万台）	15716.9	11.5
家用电风扇（万台）	15114.9	0.9
家用吸排油烟机（万台）	2939.7	12.5
电饭锅（万台）	28028.6	20.8
家用电热烘烤器具（万台）	18520.2	−2.9
电冷热饮水机（万台）	2624.9	−2.5
微波炉（万台）	7750.1	9.0
家用洗衣机（万台）	7114.3	−3.3
家用电热水器（万台）	3429.7	1.6
家用吸尘器（万台）	8799.7	0.2
家用燃气灶具（万台）	3557.9	3.5
家用燃气热水器（万台）	1476.7	0.8
电光源（个）	3124366.8	13.1
灯具及照明装置（个）	308913.8	11.9

数据来源：国家统计局，2015 年 2 月。

二、经济效益情况

（一）盈利能力分析

（1）利润增速上、下半年呈现分化态势，其中上半年增速持续增加，而下半年逐渐下行。2014 年，家电行业利润 931.6 亿元，同比增长 18.5%。其中上半年家电行业利润增速由 21.0% 上升到 26.7%，而下半年逐渐下行到 18.5%。相比2013 年，下半年各月利润增速均明显低于 2013 年同期。

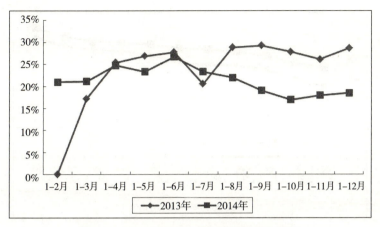

图8-3　2014年家电行业利润同比增长情况

数据来源：国家统计局，2015年2月。

分行业来看，除家用通风电器具行业外，其他子行业利润均同比增加。2014年，除家用电力器具专用配件外，其他行业利润均呈现高于10%的增长率，特别是家用空气调节器和家用美容、保健电器具制造，增速分别高达26.1%和20.6%。从结构来看，家电行业利润主要来源于家用制冷电器具和家用空气调节器，两者占家电份额分别为23.0%和47.6%。

表8-4　2014年家电子行业利润增长情况及份额

	利润（亿元）	增速（%）	份额（%）
家用电力器具制造	931.6	18.5	100.0
家用制冷电器具制造	213.9	14.8	23.0
家用空气调节器制造	443.1	26.1	47.6
家用通风电器具制造	19.9	−6.2	2.1
家用厨房电器具制造	92.2	13.3	9.9
家用清洁卫生电器具制造	86.0	12.3	9.2
家用美容、保健电器具制造	16.1	20.6	1.7
家用电力器具专用配件制造	34.3	3.8	3.7
其他家用电力器具制造	26.1	13.5	2.8

数据来源：国家统计局，2015年2月。

（2）销售利润率持续走高。家电行业盈利能力逐渐好转，且明显好于2013年。2014年家电行业销售利润率持续走高，由年初的4.6%持续上升到年末的6.6%。相比2013年，各月销售利润率均高于2013年同期。

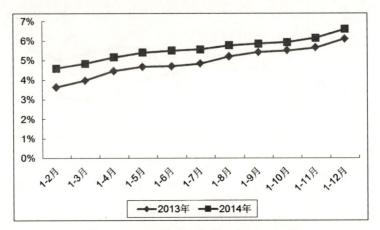

图8-4　2014年家电行业销售利润率变化情况

数据来源：国家统计局，2015 年 2 月。

（3）成本费用利润率稳步上升。与销售利润率走势相同，家电行业成本费用利润率反映出家电行业盈利能力逐渐好转，且明显好于去年。2014 年家电行业成本费用利润率持续走高，由年初的 4.8% 持续上升到年末的 7.0%。相比 2013 年，各月成本费用利润率均高于 2013 年同期。

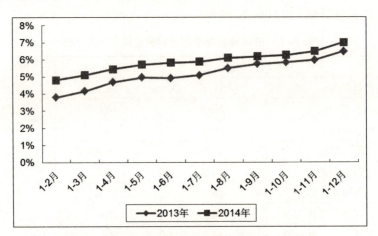

图8-5　2014年家电行业成本费用利润率变化情况

数据来源：国家统计局，2015 年 2 月。

（二）偿债能力分析

（1）资产负债率逐渐走高。2014 年家电行业资产负债率为 65.6%。全年来看，资产负债率逐渐走高，由年初的 63.6% 逐渐上涨到年末的 65.6%，表明偿债能力有所恶化，但仍处于安全可控水平。相比 2013 年，虽然今年前三个季度资产负债率均低于 2013 年同期，但由于 2013 年第四季度资产负债情况快速改善，带动 2013 年的资产负债率整体低于 2014 年。

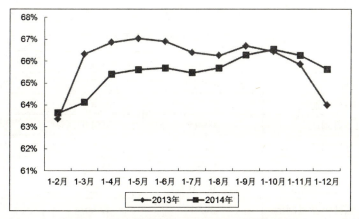

图8-6　2014年家电行业资产负债率变化情况

数据来源：国家统计局，2015 年 2 月。

分解来看，2014 年资产同比增长 15.5%，而负债增长高于资产 2.1 个百分点。分阶段来看，前三季度虽然资产增速高于负债，但四季度随着负债加速增加和资产增速持续下行，导致全年资产负债率走高。

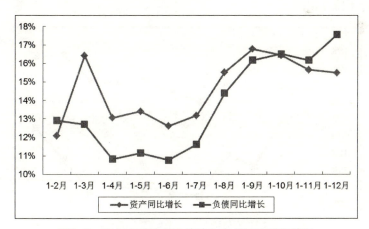

图8-7　2014年家电行业资产与负债同比增长情况

数据来源：国家统计局，2015 年 2 月。

相比其他细分行业，家用制冷电器具、家用空气调节器、家用通风电器具资产负债率相对较高，分别为70.9%、68.2%、61.9%。家用制冷电器具和家用空气调节器为负债规模最大的两个子行业，负债规模分别为2078.5亿元、2654.0亿元，占比分别为30.8%和39.3%。家用制冷电器具和家用空气调节器的负债规模及资产负债率均高于其他细分行业，须加强关注。

表8-5　2014年家电子行业资产负债情况

	资产（亿元）	负债（亿元）	资产负债率（%）
家用电力器具制造	10281.5	6747.4	65.6
家用制冷电器具制造	2932.8	2078.5	70.9
家用空气调节器制造	3890.5	2654.0	68.2
家用通风电器具制造	313.5	193.9	61.9
家用厨房电器具制造	1166.9	693.6	59.4
家用清洁卫生电器具制造	903.0	518.9	57.5
家用美容、保健电器具制造	243.1	129.6	53.3
家用电力器具专用配件制造	435.6	255.0	58.5
其他家用电力器具制造	396.1	223.9	56.5

数据来源：国家统计局，2015年2月。

（2）亏损情况整体明显改善。从绝对指标来看，家电行业亏损企业数量增速加快，由年初的3.9%上升到全年的13.1%，而亏损总额呈现下降趋势，全年亏损总额同比下降7.8%。

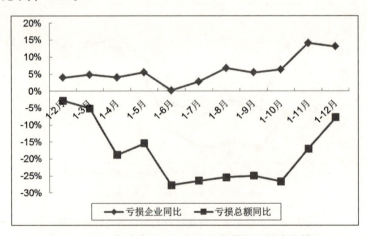

图8-8　2014年家电行业亏损企业数量及总额变化情况

数据来源：国家统计局，2015年2月。

从相对指标来看，家电行业亏损情况明显改善，亏损面及亏损深度均持续减少。亏损面由年初 28.1% 减少到 14.1%，亏损深度由 12.6% 减少到 2.2%。

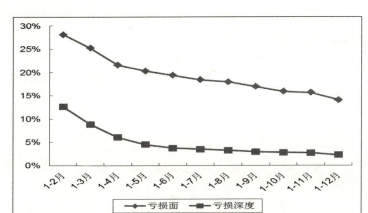

图8-9

数据来源：国家统计局，2015 年 2 月。

（三）营运能力分析

（1）流动资产周转次数小幅上涨。2014 年，家电行业流动资产周转次数由年初的 1.7 上涨到 2.0，其中上半年呈现出稳步上升态势，而下半年呈现下降态势。相比 2013 年，2014 年家电行业各月流动资产周转次数均低于 2013 年同期，反映出营运能力弱于 2013 年。

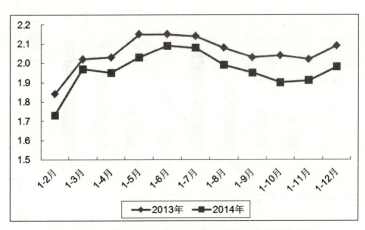

图8-10 2014年家电行业流动资产周转次数变化情况

数据来源：国家统计局，2015 年 2 月。

（2）产成品资金占用率小幅下降。2014 年，家电行业产成品资金占用率由年初的 12.0% 震荡下降到 9.9%。相比 2013 年，今年家电行业产成品资金占用率整体上低于 2013 年的 11.2%，反映出营运能力强于 2013 年。

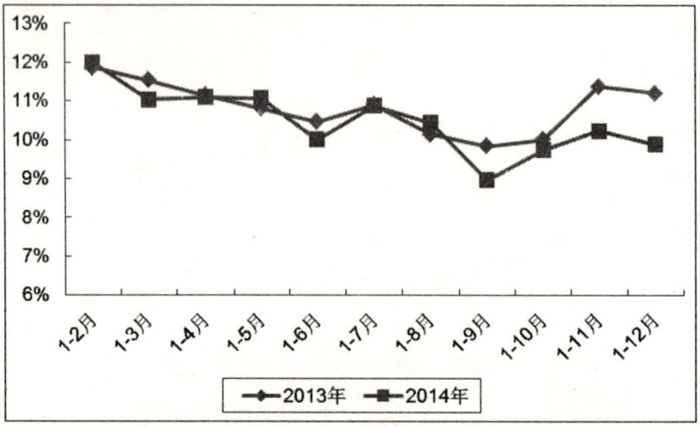

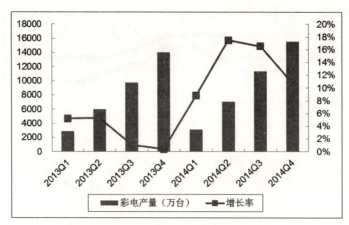

图8-11 2014年家电行业产成品资金占用率变化情况

数据来源：国家统计局，2015 年 2 月。

三、重点领域或重点产品情况

2014 年，彩电产量 15542 万台，同比增长 10.8%。从季度运行情况来看，家电产量增速自二季度呈现下行态势，从二季度的 17.5% 回落到全年的 10.8%。整体上来看，2014 年家电产量增速明显高于 2013 年，其中各个季度均明显高于去年同期。

图8-12 2013—2014年彩电产量变化情况

数据来源：国家统计局，2015 年 2 月。

分品种来看，我国彩电产量的增加主要来源于液晶电视。2014 年，液晶电视同比增长 13.3%，而等离子电视大幅同比下跌 68.9%。2014 年是全球等离子电视的一个标志性年份，等离子电视主要生产企业已完全退出。由于等离子电视行业持续不景气，2013 年等离子电视行业领导者松下退出等离子电视，2014 年韩国三星、LG 陆续停止生产等离子电视和等离子面板，接着我国长虹也成为最后一个离开者退出等离子生产阵营。

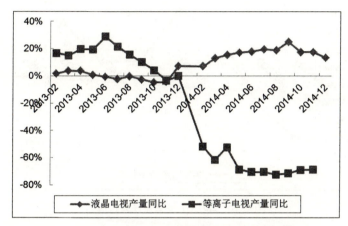

图8-13　2014年液晶电视与等离子电视产量变化情况

数据来源：国家统计局，2015 年 2 月。

整体看，彩电销售有明显改善。2014 年，彩电销量 15646.2 万台，同比增长 12.1%。前三季度，彩电销售增速持续上升，由 3.6% 上升到 17.0%，直至四季度回落到 12.1%。相比 2013 年，2014 年彩电销售明显高于好于 2013 年，除一季度外，各季度增速均高于 2013 年同期。

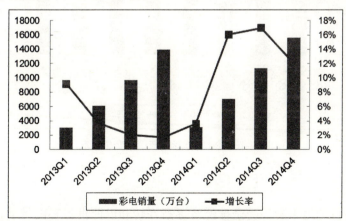

图8-14　2013—2014年彩电销量变化情况

数据来源：国家统计局，2015 年 2 月。

销量增速的走高带动了库存明显下降。2014年，彩电年末库存相比年初下降7.7%。全年产销率也呈现下行态势，产销率由一季度的100.5下降到全年的100.4。

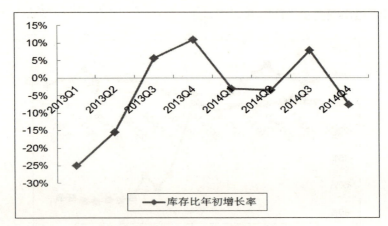

图8-15　2014年彩电库存变化情况

数据来源：国家统计局，2015年2月。

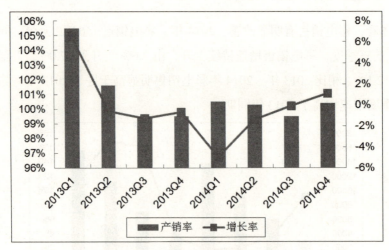

图8-16　2014年彩电产销率变化情况

数据来源：国家统计局，2015年2月。

分销售目的地来看，受全球经济逐渐好转和巴西世界杯的带动，我国彩电销量的增加主要来源于出口市场，而国内由于家电补贴政策退出提前透支了部分市场，加上国内经济增速放缓特别是商品住宅现房销售明显下降，彩电国内销量下降。2014年，彩电内销4461万台，同比下降6.6%，而出口7405.3万台，同比增长24.3%。从出口额来看，2014年彩电出口扭转了2013年的出口下降态势，其中2014年虽然出口额增速整体呈现下行态势，但全年仍保持了22.6%的增速。

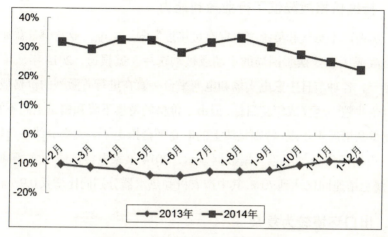

图8-17　2014年彩电出口额变化情况

数据来源：国家统计局，2015年2月。

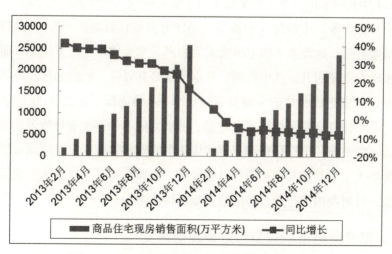

图8-18　2014年商品住宅现房销售面积变化情况

数据来源：国家统计局，2015年2月。

第二节　存在问题

一、持续价格战降低了行业盈利能力

由于房地产不景气和传统家电保有量接近上限，家电行业竞争日益加剧，持续的价格战成了企业摆脱困局的主动或被动选择。据报道，2014年从年初到年尾的圣诞节，各种节日中家电卖场和电商平台一直在进行着激烈的价格战。虽然部分家电企业勉强地完成年初目标，但由于价格的持续下降和销量走高不及预期，整个行业盈利情况不乐观。特别是线上的电商平台抢走了一大部分线下市场份额，造成线下市场销售更加艰难。据数据显示，2014年家电整体线下卖场同比减少3.3%，而线上增速同比达到70%，其中洗衣机和热水器分别同比增长0.9%和2.7%。

二、出口环境较为复杂

家电行业是典型的外向型行业，受国际环境影响较为明显，特别是在国内经济存在较大下行压力的背景下，出口环境的好坏对家电行业的发展更为重要。据计算，2014年我国家电行业出口交货值与主营业务收入的比例达到24.1%。据《中国对外贸易形势报告（2014年秋季）》，2015年虽然国际经济环境可能略有改善，但回升幅度有限，风险和不确定因素尤为突出。主要体现在以下三个方面：一是外部需求难有明显回升，其中美国、日本经济略有好转，但欧元区经济仍将维持低迷水平，世贸组织预计的全球贸易增长率4%仍远低于过去20年的平均增速5.3%；二是中国外贸竞争优势难以持续，劳动力成本快速上涨导致劳动密集型出口竞争力不断萎缩，出口订单和产能向周边国家转移，我国家电国际市场份额被蚕食风险加大；三是贸易摩擦形势日益复杂，全球经济不景气带来了贸易保护主义的回潮，针对我国制造业产品的贸易摩擦持续增加。

三、部分家电市场被刺激政策提前透支

为拉动家电消费市场，我国陆续出台了家电以旧换新政策、家电下乡政策和节能家电补贴政策，分别于2011年12月、2012年12月、2013年6月到期。这些政策极大地刺激了家电消费需求，家电销量和产量大幅增加，但也透支了未来

的部分消费需求，随着政策的陆续退出，家电产量情况明显下滑。家电下乡政策提高了农村家电的保有量和普及率，未来的普及性需求空间已经减少，而家电以旧换新政策和节能家电补贴政策透支了城镇的更新换代需求市场。未来几年，农村家电需求拉动主要体现为更新换代需求，而城镇拉动主要体现为刚性需求，这两项拉力作用明显会低于预期。

区 域 篇

第九章　东部地区

第一节　整体发展情况

东部地区是我国消费品工业最为集中的地区，2014年主营业务收入、利润总额和企业数均排在四大区域之首。近几年，在国家促进产业转移、调整重点产业布局、中部崛起、西部大开发、振兴东北等相关战略部署的推动下，东部地区消费品工业占全国的比重有所下降，但仍占据主导地位。

一、生产情况

东部地区消费品工业生产增速放缓，但主要产品生产规模在全国仍处于领先水平。2012年以来，中国经济呈现新常态特征，经济发展进入中低速增长阶段，东部地区消费品工业生产增速也逐年放缓。2014年,国家出台多项政策"稳增长、调结构、促改革、惠民生"，取得明显成效。消费品工业生产逐渐走出低迷，呈现稳中有升的发展态势。在统计的25中主要消费品产品中，6种产品产量负增长外，11种产品产量增速大于10%。与上年同期相比，除液体乳、糖果、方便面、乳制品、冷冻饮品、饮料酒、白酒、啤酒、精制茶等9种产品产量增速出现下滑外，其他产品产量增速均有所增加。产品产量占全国比重看，2014年东部地区的糖果、罐头、酱油、家具、纸制品、塑料制品、纱、布、服装、化药原药等产品产量在全国的占比依然维持在50%以上。随着产业转移的进一步推进，糖果、葡萄酒等18种产品产量在全国的占比出现下滑。

表 9-1　2014 年东部地区主要消费品产品生产情况

主要消费品	单位	累计产量	同比增速	上年同期增速变化	占全国比重	上年同期比重变化
小麦粉	万吨	5253.2	8.8%	7.4%	37.2%	0.7%
液体乳	万吨	894.3	1.9%	−5.5%	37.3%	−0.3%
糖果	万吨	201.8	9.0%	−2.8%	55.7%	−14.8%
方便面	万吨	345.8	−2.8%	−9.5%	33.7%	−0.8%
乳制品	万吨	1002.4	−4.6%	−9.4%	37.8%	−1.1%
罐头	万吨	594.6	8.5%	3.1%	50.7%	−1.7%
酱油	万吨	608.8	22.0%	13.3%	64.9%	−1.0%
冷冻饮品	万吨	73.2	13.6%	−1.4%	23.7%	1.2%
发酵酒精	万千升	215.8	21.4%	15.0%	21.9%	2.4%
饮料酒	万千升	2725.7	−1.2%	−3.2%	41.7%	−0.2%
白酒	万千升	292.9	−3.3%	−8.0%	23.3%	−1.4%
啤酒	万千升	2244.7	−1.7%	−3.7%	45.6%	0.5%
葡萄酒	万千升	48.7	−9.9%	2.7%	41.9%	−3.9%
软饮料	万吨	7037.2	10.5%	5.9%	42.2%	−0.5%
精制茶	万吨	58.0	0.2%	−7.3%	23.8%	−2.3%
配合饲料	万吨	6450.3	12.7%	1.1%	42.2%	1.0%
混合饲料	万吨	2025.4	5.2%	17.3%	31.1%	−1.3%
家具	万件	62608.5	19.3%	22.9%	80.5%	−0.1%
纸制品	万吨	3572.3	19.1%	14.4%	53.8%	−2.5%
塑料制品	万吨	4020.2	14.8%	16.5%	54.4%	−2.1%
纱	万吨	2318.1	7.4%	0.7%	59.5%	−0.3%
布	亿米	534.1	3.1%	1.1%	75.9%	0.1%
服装	亿件	231.6	10.5%	12.3%	77.4%	0.1%
化药原药	万吨	181.3	10.9%	13.2%	60.2%	−0.1%
中成药	万吨	61.3	13.1%	3.4%	16.7%	−0.8%

数据来源：国家统计局，2015 年 1 月。

二、出口情况

出口优势削弱，增速明显趋缓。2014 年，东部地区消费品工业完成出口交货值 31620.4 亿元，同比增长 5.8%，低于上年同期 9.5 个百分点。由于国际宏观贸易环境日趋严峻，加之人工短缺、用工成本攀升以及原材料价格上涨，东部地区的出口竞争优势大幅削弱，出口增速明显放缓。全年趋势来看，在国家简化出口退（免）税行政审批流程、完善补充零税率应税服务退（免）税、扩大试启运港退税便捷企业通关、放开融资租赁货物出口退税、促进外贸综合服务企业发展等促出口政策的推动下，全年出口交货值增速呈现明显上扬趋势。与全国消费品工业 6.8% 的出口增速相比，东部地区出口优势明显下降，增速落后 1 个百分点。

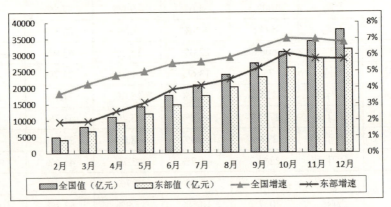

图9-1 东部地区消费品工业出口交货值及增速与全国比较

数据来源：国家统计局，2015 年 1 月。

在全国出口地位下滑，医药工业出口降幅明显。2014 年，东部地区出口交货值累计值占全国的比重为 71.9%，依然是消费品工业出口的主要地区。但是横向来看，东部地区出口在全国的地位有所下滑，比重较 2013 年同期下降 1.2 个百分点。细分行业来看，医药工业下降幅度最大达 2.4 个百分点，其次为食品工业，下降 1.3 个百分点，轻工和纺织分别下降 0.8 个和 1.1 个百分点。

表 9-2 东部地区消费品工业及细分行业出口交货值占全国的比重与变化情况

	2013年	2014年	2014—2013
消费品工业	73.1%	71.9%	−1.2%
其中：食品	65.2%	63.9%	−1.3%
轻工	89.4%	88.6%	−0.8%
纺织	85.2%	84.1%	−1.1%
医药	76.4%	74.0%	−2.4%

数据来源：国家统计局，2015 年 1 月。

三、效益情况

（一）盈利情况

收入增速微幅下滑，轻工业是主要创收行业。2014 年东部地区消费品工业累计实现主营业务收入 191760.5 亿元，占全国比重为 60.6%，较上年同期微幅下降 0.4 个百分点。其中，轻工业依然是东部地区消费品工业中最重要的组成部分，收入贡献率达 45.5%，其次为纺织、食品和医药工业。与上年同期相比，轻工和医药收入贡献率微幅增加，而在国家纺织产业转移政策的鼓励下，纺织工业收入贡献率下降 1 个百分点。

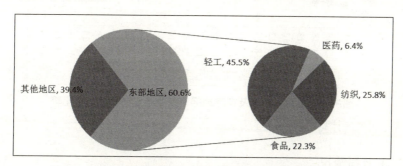

图9-2　2014年东部地区消费品工业累计主营业务收入构成

数据来源：国家统计局，2015 年 1 月。

企业获利空间受挤压，纺织和轻工利润贡献率下降。受累于沿海地区用工成本攀升，东部地区消费品工业利润仅占全国 59.2%，较之收入比重不相匹配。其中，纺织和轻工等劳动密集型产业受影响最大，利润贡献率分别低于收入贡献率 3.7 个和 1.4 个百分点。而属于技术密集型产业的医药工业则显现出较强的获利能力，利润贡献率达 11%，高于收入贡献率 4.6 个百分点。

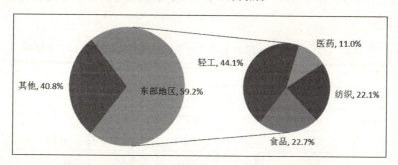

图9-3　2014年东部地区消费品工业累计利润总额构成

数据来源：国家统计局，2015 年 1 月。

综合来看，东部地区消费品工业依然显现出较强的盈利能力。2014年，东部地区销售利润率虽低于全国平均水平，但表现出稳中有升的态势，资本增值能力持续增强。截至2014年底，东部地区消费品工业销售利润率为6.2%，高于年初0.7个百分点，涨幅好于全国水平。

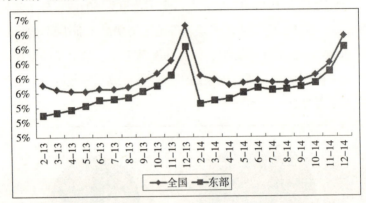

图9-4 2014年全国及东部地区消费品工业销售利润率比较

数据来源：国家统计局，2015年1月。

（二）亏损情况

亏损情况有所缓解，轻工业和纺织工业成亏损重灾区。2014年，东部地区消费品工业亏损面较之上年同期有所缓解，但亏损深度进一步恶化。截至2014年12月，东部地区消费品工业亏损面为11.2，与上年同期相比下降0.3个百分点；亏损深度为5.3，较上年同期增加0.1个百分点。分行业看，东部地区轻工业和纺织工业亏损较严重，主要因为这两个行业属于劳动密集型行业，在经济危机冲击下，中小企业对人工和原料成本上涨的承受能力有限。但是，在全行业加快结构调整和转型升级步伐的努力下，2014年东部地区轻工行业亏损情况较上年同期显著缓和。

表9-3 2014年东部地区消费品工业及细分行业亏损情况与上年比较

	2013年		2014年		2014-2013	
	亏损面	亏损深度	亏损面	亏损深度	亏损面	亏损深度
全国消费品工业	10.0%	4.7%	9.9%	5.0%	−0.1%	0.3%
东部消费品工业	11.5%	5.2%	11.2%	5.3%	−0.3%	0.1%
其中：食品	8.8%	4.6%	9.5%	6.6%	0.7%	2.0%
轻工	11.9%	5.7%	11.2%	4.8%	−0.7%	−0.9%

（续表）

	2013年		2014年		2014—2013	
	亏损面	亏损深度	亏损面	亏损深度	亏损面	亏损深度
纺织	12.3%	5.8%	12.3%	6.0%	0	0.2%
医药	11.3%	3.1%	10.0%	3.3%	−1.3%	0.2%

数据来源：国家统计局，2015年1月。

第二节　主要行业发展情况：医药

东部地区是我国医药工业发展的重点地区，有着我国医药生产最为集中的山东和江苏，以及医药研发最为活跃的北京和上海，对医药工业的发展贡献较大。在发改委批准的 22 个生物产业基地中，东部地区占 10 个。

一、生产情况

生产规模稳步扩大，增速高于全国平均水平。2014 年，东部地区完成化学药品原药和中成药产量 181.3 万、61.3 万吨，同比分别增长 10.9%、13.1%，高于全国 5.8 个和 10.9 个百分点。占全国化学药品原药和中成药总产量的比为 60.2% 和 16.7%，占比较上年同期分别下滑 0.8 个和 0.1 个百分点。全年发展情况看，东部地区医药工业生产相对稳定，化学药品原药产量增速始终保持在 10% 以上，中成药产量增速虽偶有波动，但幅度不大。与上年同期发展水平相比，东部地区医药工业生产摆脱了上年负增长的低迷状态，逐渐进入稳定增长阶段，生产规模稳步扩大。

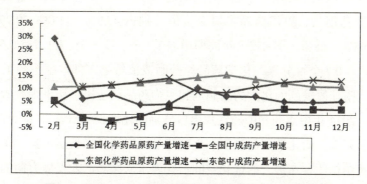

图9-5　2012—2013年东部地区主要医药产品产量增速

数据来源：国家统计局，2015 年 1 月。

二、出口情况

出口形势较为严峻，增速低位运行。较长一段时间内，东部地区都是我国医药工业特别是西药原料药的出口优势地区。随着近几年原材料价格的上涨，以及我国原料药领域的结构调整，东部地区医药工业进入深度调整阶段，原料药价格优势不再，出口受到较大影响。2014年，东部地区医药工业共计完成出口交货值958.7亿元，同比增长2.7%，低于全国6.1%的平均水平。占全国医药工业出口交货值总额的比重也由上年同期的76.4%下降至74.0%，是东部地区消费品工业各细分行业中比重下降幅度最大的行业。从全年发展情况看，东部地区医药工业出口形势较为严峻，前5个月持续负增长。后期增速虽逐月反弹，但幅度不大，始终保持在3%以下。

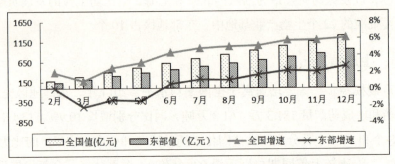

图9-6　2014年东部地区医药制造业出口交货值及增速与全国比较

数据来源：国家统计局，2015年1月。

化学药品原料药依然是出口主体，出口结构亟待优化。出口结构看，2014年东部地区化学药品原料药、化学药品制剂、中药饮片、中成药、生物药品、卫生材料及医药用品、兽用药品出口交货值分别占47.9%、11.0%、0.9%、3.5%、18.5%、15.5%、2.8%，分别较上年同期增加1.3个、-2.5个、0.1个、0.6个、-0.5个、1.8个、-0.7个百分点，化学药品原药制造依然是东部地区医药工业出口的支柱行业，附加值较高的化学药品制剂和生物药品制造出口比重则有所下降。出口增速看，2014年中成药和中药饮片出口分别同比增长22.1%和17.6%，增速高于其他细分行业，而化学药品制剂和生物药品出口则负增长。可见，东部地区医药工业产业结构还存在很大的优化空间，代表未来医药产业发展方向的化学药品制剂和生物药品是重点发展领域。

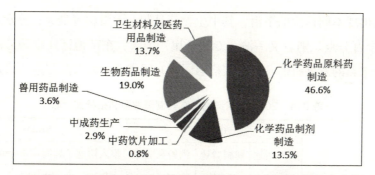

图9-7　2013年东部地区医药制造业出口交货值构成情况

数据来源：国家统计局，2015年1月。

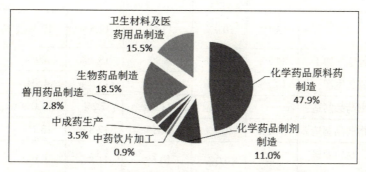

图9-8　2014年东部地区医药制造业出口交货值构成情况

数据来源：国家统计局，2015年1月。

三、效益情况

（一）盈利情况

收入和利润增速稳中趋缓，化学药品制剂制造盈利能力有所提升。2014年，东部地区医药工业完成主营业务收入12261.0亿元，同比增长11.8%，较上年同期下降8.7个百分点，较全国同期水平低1.1个百分点；利润总额1315.6亿元，同比增长10.8%，较上年同期水平下降6.3个百分点，较全国同期水平低1.3个百分点；实现销售利润率10.7%，较上年同期微幅下滑0.1个百分点，较全国同期水平高出0.7个百分点。可见，东部地区医药工业增长速度虽有所放缓，但在全国来看盈利水平仍属前列，产业结构稳步推进，转型升级势头较好，总体处于稳中有进的增长态势。细分行业看，除化学药品制剂制造外，其他行业收入和利润增速均出现不同程度的下滑，其中生物药品制造下滑幅度最大，分别减少 37.4 个和 17 个百分点。随着又一波"专利悬崖"袭来，东部地区化学药品制剂制造业又将迎来新的发展机遇，而此次机遇同样有望带动生物药品制造的快速发展。

表 9-4　2014 年东部地区医药制造业盈利指标及比较

	2013年			2014年		
	收入增速	利润增速	销售利润率	收入增速	利润增速	销售利润率
全国医药制造业	18.0%	17.8%	10.1%	12.9%	12.1%	10.0%
东部地区医药制造业	20.5%	17.1%	10.8%	11.8%	10.8%	10.7%
其中：化学药品原料药制造	14.3%	11.7%	8.2%	8.5%	4.5%	7.9%
化学药品制剂制造	13.1%	10.9%	11.6%	12.5%	19.3%	12.3%
中药饮片加工	34.3%	38.6%	8.9%	18.4%	5.9%	8.0%
中成药生产	18.7%	21.2%	13.3%	13.5%	4.7%	12.3%
兽用药品制造	—	0.0%	11.2%	7.2%	−1.0%	10.3%
生物药品制造	50.2%	30.1%	11.1%	12.8%	13.1%	11.1%
卫生材料及医药用品制造	—	0.0%	10.6%	11.8%	1.3%	9.6%

数据来源：国家统计局，2015 年 1 月。

（二）亏损情况

亏损面进一步收窄，东部地区医药工业亏损情况相对缓和。2014 年，东部地区医药工业共有亏损企业 309 家，产生亏损 43.2 亿元，亏损面和亏损深度分别为 10.0% 和 3.3%。与上年同期相比，亏损面收窄 1.3 个百分点，亏损深度微幅增加 0.2 个百分点，产业结构调整取得明显成效。细分行业看，除兽用药品制造亏损面和亏损深度均有所扩大外，各行业或亏损面扩大或亏损深度增加，但变化幅度不大，亏损程度明显减缓。

表 9-5　2014 年东部地区医药制造业亏损指标及比较

	2013年		2014年		2014-2013	
	亏损面	亏损深度	亏损面	亏损深度	亏损面	亏损深度
全国医药制造业	9.9%	3.0%	9.6%	3.1%	-0.3%	0.1%
东部地区医药制造业	11.3%	3.1%	10.0%	3.3%	-1.3%	0.2%
其中：化学药品原料药制造	13.9%	4.7%	11.6%	5.9%	-2.3%	1.2%
化学药品制剂制造	13.3%	4.2%	13.5%	3.5%	0.2%	-0.7%
中药饮片加工	6.8%	0.7%	5.4%	1.1%	-1.4%	0.4%
中成药生产	12.4%	1.2%	10.3%	2.1%	-2.1%	0.9%
兽用药品制造	—	1.0%	7.7%	2.2%	0.3%	1.2%
生物药品制造	8.6%	3.1%	10.0%	2.7%	1.4%	-0.3%
卫生材料及医药用品制造	—	1.1%	6.3%	1.8%	-4.9%	0.7%

数据来源：国家统计局，2015 年 1 月。

四、主要经验

（一）以创新体系为抓手，加快推进产业转型升级

东部地区是我国医药人才和医药资源最为集中的地区，经过几十年的发展已经建立起相对完善的创新体系。2014 年，在全面深化产学研合作和行业兼并重组的基础上，东部地区各省市加快创新平台建设，着力构建创新驱动的医药产业体系，加快淘汰落后产能，推进产业转型升级和结构调整，取得明显成效。

（二）以园区建设为载体，着力提升产业竞争优势

东部地区集中了 10 个国家级生物产业基地，依托这些基地又建设了一批国家级和省市级产业园区。2014 年，各园区在原有发展基础上，不断巩固园区内各项硬件和软件设施建设，搭建起更多公共服务平台，支持重大项目（技术）研发、关键设备引进、成果转化等，吸引了大批国内外龙头企业入驻，为东部地区产业发展注入更多活力，大力提升产业竞争优势。如上海发布《关于鼓励跨国公司设立地区总部规定实施意见的补充规定》，吸引和鼓励跨国公司总部入驻。

（三）以医疗改革为契机，加快重点产业发展

2014 年，国家出台多项政策推动医疗体制改革，包括《深化医药卫生体制改革 2014 年重点工作任务》、《关于推进医疗机构远程医疗服务的意见》、《关于做好常用低价药品供应保障工作的意见》、新修订的《医疗器械监督管理条例》《关于保障儿童用药的若干意见》等。东部地区紧抓医改东风，大力推进医疗器械制造、化学药品制剂制造以及生物药品制造等行业发展。

第三节　重点地区发展情况：山东

山东是我国消费品工业大省，2014 年，山东消费品工业企业数、出口交货值、主营业务收入、利润总额占全国消费品工业的比重分别为 11.2%、9.7%、14.8%、14.4%，占东部地区消费品工业的比重分别为 17.7%、11.6%、24.4%、24.4%，在我国特别是东部地区消费品工业发展中占据重要位置。

一、生产情况

市场需求不足，山东省消费品工业生产增速明显放缓。2014 年，山东省消费品工业实现主营业务收入 46725.9 亿元，同比增长 6.7%，低于东部地区平均水平 1.2 个百分点，低于全国平均水平 1.9 个百分点，较 2013 年同期下滑 14.4 个百分点。细分行业看，食品工业和轻工业是山东省消费品工业的两大支柱产业，2014 年主营业务收入占比分别达到 35.2% 和 32.3%。与上年同期相比，纺织工业主营业务收入占比下降 0.9 个百分点，产业转移效果明显。与此同时，医药工业在山东省消费品工业中的地位显著提升，2014 年主营业务收入占比较上年同期提高 0.5 个百分点，与山东省加大产业转型升级力度、加速新兴产业和高新技术产业发展的政策导向一致。

表 9-6　2014 年山东省各细分行业主营业务收入占消费品工业总收入比重的变化

	2013年	2014年	2014–2013
食品	35.0%	35.2%	0.2%
轻工	32.0%	32.3%	0.2%
纺织	25.6%	24.7%	−0.9%
医药	7.4%	7.9%	0.5%

数据来源：国家统计局，2015 年 1 月。

二、出口情况

产业优势下降，出口交货值持续负增长。近年来，周边东南亚市场迅速崛起，加上我国消费品工业结构性调整，以纺织业为代表的我国消费品工业订单逐渐向印度、越南、土耳其等国家流失，传统市场份额不断萎缩。2014 年，山东省消费品工业完成出口交货值 3665.1 亿元，同比减少 4.3%。全年发展趋势看，山东省消费品工业出口交货值持续负增长，与东部地区稳步上升的趋势相比，出口形势十分严峻。

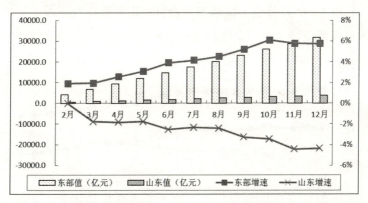

图9-9　2014年山东省消费品工业出口交货值及增速与东部地区比较

数据来源：国家统计局，2015 年 1 月。

食品、轻工是出口主力，医药工业发展较快。细分行业看，2014 年山东省食品工业、轻工业、纺织工业、医药工业占全部消费品工业的比重分别为 33.2%、32.6%、28.3%、6.0%，食品和轻工仍是出口主导产业。与上年同期相比，纺织业出口贡献率下降 1.6 个百分点，一方面是受国家市场需求下降影响，另一方面是因为山东省加快产业结构调整，逐步降低劳动密集型产业的比重，鼓励纺织企业向中西部转移。医药工业的出口贡献率虽仅为 6%，但与上年相比增加 0.4 个百分点，在四大子行业中表现最佳，显现出较强的发展潜力。

表 9-7　2014 年山东省各细分行业出口交货值占消费品工业总出口比重的变化

	2013年	2014年	2014–2013
食品	33.3%	33.2%	–0.1%
轻工	31.3%	32.6%	1.3%

（续表）

	2013年	2014年	2014-2013
纺织	29.9%	28.3%	−1.6%
医药	5.6%	6.0%	0.4%

数据来源：国家统计局，2015年1月。

发展势头趋缓，占全国及东部地区比重下降。2014年，山东省消费品工业出口交货值占全国和东部地区的比重分别为9.7%和11.6%，与上年同期相比分别下降1.1个和1.2个百分点。仅就出口而言，山东省在我国及东部地区消费品工业中的地位有所下降，但与全国其他省市相比仍处于较为领先的水平。

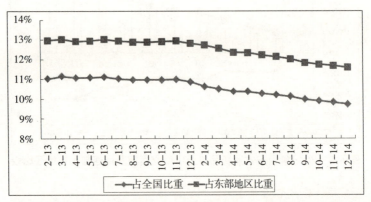

图9-10　2013—2014年山东省消费品工业出口交货值占东部地区及全国的比重及变化

数据来源：国家统计局，2015年1月。

三、效益情况

（一）盈利情况

利润增速低位徘徊，对全国及东部地区贡献率下降。2014年，山东省消费品工业实现利润总额2906.9亿元，同比增长2.0%，增速低于2013年同期水平；占全国及东部地区消费品工业利润总额的比重分别为14.4%和24.4%，较上年同期占比下降0.6个和1.4个百分点。细分行业看，轻工业和食品工业的利润贡献率最大，分别为32.7%和31.7%，但与其32.3%和35.2%的收入贡献率相比，盈利能力明显弱于医药工业。

表9-8　2014年山东省各细分行业利润总额占消费品工业总利润比重的变化

	2013年	2014年	2014-2013
食品	31.6%	31.7%	0.1%
轻工	32.3%	32.7%	0.4%
纺织	24.5%	22.7%	-1.7%
医药	11.6%	12.8%	1.2%

数据来源：国家统计局，2015年1月。

销售利润率呈下降趋势，消费品工业盈利能力削弱。2014年，山东省消费品工业销售利润率为6.2%，低于上年同期水平2.9个百分点，降幅高于全国和东部地区同期水平。销售利润率的下降在一定程度上表明山东省消费品工业盈利能力有所削弱，需要在降低成本、淘汰落后、节能减排等方面进一步推进结构调整。

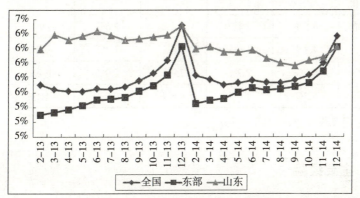

图9-11　2013—2014年山东省消费品工业销售利润率变化趋势及与全国和东部地区比较

数据来源：国家统计局，2015年1月。

（二）亏损情况

亏损情况进一步恶化，但与东部地区平均水平相比程度较轻。2014年，山东省消费品工业企业亏损面和亏损深度分别为5.6%和2.0%。纵向来看，面对国内外复杂严峻的经济形势，山东省消费品企业承受着较重的经营压力，亏损面和亏损深度较之上年同期增加0.4个和0.2个百分点。一方面劳动力成本和原材料价格不断攀升，企业的利润空间受到挤压；另一方面，国内外市场需求乏力，烟、酒、茶、饮料、纺织品服装、皮革等传统行业生产增速放缓，部分企业产能闲置现象突出。横向来看，山东省消费品工业亏损面和亏损深度均低于东部地区和全国平均水平，亏损情况处于可控范围内。细分行业看，纺织工业亏损情况最为严重，亏损面和亏损深度均高于山东省纺织工业平均水平，而轻工业和医药工业亏损情况较之上年同期有所缓和。

表9-9　2014年山东省消费品工业企业亏损面和亏损深度

行业	2013年		2014年		2014-2013	
	亏损面	亏损深度	亏损面	亏损深度	亏损面	亏损深度
全国消费品工业	10.0%	4.7%	9.9%	5.0%	−0.1%	0.3%
东部地区消费品工业	11.5%	5.2%	11.2%	5.3%	−0.3%	0.1%
山东省消费品工业	5.2%	1.8%	5.6%	2.0%	0.4%	0.2%
其中：食品	4.5%	2.1%	5.4%	2.6%	0.9%	0.5%
轻工	4.8%	1.5%	4.6%	1.3%	−0.2%	−0.2%
纺织	6.5%	2.2%	7.9%	2.9%	1.4%	0.7%
医药	5.7%	1.0%	4.6%	0.9%	−1.1%	−0.1%

数据来源：国家统计局，2015年1月。

四、主要经验

（一）加强政策引导，推动消费品工业转型升级

一是以结构调整为主线，根据国家发改委新修订的《产业结构调整指导目录（2014年版）》，细化本省消费品工业产业结构调整思路和方案，引导企业提升创新能力，加快技术改造和淘汰落后，推动产业转型升级。二是完善行业准入管理，针对印染和化纤行业污染重、产能重复建设现象严重等问题，严格行业准入和规范企业生产管理，不符合要求的企业一律不予准入或关停。三是鼓励企业兼并重组，充分发挥企业的主体作用，引导企业通过资本市场平台开展并购，缓解中小企业生存困难。

（二）培育特色产业集群，提高产业集中度和竞争优势

一是通过技术创新，推动产业集群发展，打造区域产业特色。如山东冠县围

绕纺织服装产业，多渠道、全方位推进产业向集群化、特色化和品牌化方向发展，提高相关产业内部的关联性和共生性，发展各具特色、优势互补的产业集群。二是推动生产要素向特色产业集群集中，打造集研、产、供、销于一体的区域性产业集散基地，提高消费品工业的产业集中度和竞争优势。

（三）加强企业管理，完善食品工业诚信体系建设

一是根据工业和信息化部《2014 年食品工业企业诚信体系建设工作实施方案》要求，细化本省食品工业企业诚信体系建设方案，提出具体实施要求，以 3—5 家示范企业为抓手，由省到市，由市到县，逐步规范和完善全省食品工业诚信体系。二是建立健全企业质量安全和标准化管理体系，加强企业管理，从源头规范企业生产秩序，切实打牢食品安全基础。三是根据《食品工业企业诚信管理体系评价工作规则（试行）》要求，建立包括咨询和评价职能在内的本省食品工业企业诚信管理体系，提升食品企业诚信体系评价专业性，推进全省诚信体系建设。

第四节　存在问题

一、国内外经济形势严峻，产业增速放缓

一方面，世界经济仍处于后危机调整期，以美国、欧盟、日本等为代表的世界发达国家经济发展仍处于缓慢增长阶段，由于美国退出货币宽松政策、欧盟内部调整与改革困难重重、日本公共债务居高不下以及人口老龄化进一步恶化，世界经济未来发展充满不确定性。且近年来，国际贸易争端愈演愈烈，国际贸易环境业日趋恶化。另一方面，国内经济进入中低速增长的新常态时期，企业家投资热情减弱、居民消费信心不强，消费需求受到抑制，拉动经济增长的三驾马车动力不足，东部地区消费品工业产业增速持续放缓。

二、成本压力居高不下，产业优势减弱

发展之初，东部消费品工业依靠低廉的劳动力成本迅速在全国以及全球市场占据了重要地位，但是随着东部地区经济发展的加快，物价水平和工资水平也迅速提高，东部地区消费品工业的低成本优势不再，产业竞争力明显减弱。2014 年，我国工资水平排名前十的省市中，东部地区占 50%。消费品工业集中的山东、江苏、浙江、广东等地平均工资水平较之 2013 年上调幅度超过 10%。除人工成本外，

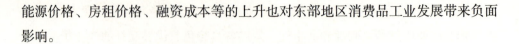

能源价格、房租价格、融资成本等的上升也对东部地区消费品工业发展带来负面影响。

三、传统产业比重过高，产业结构亟待优化

一方面，轻工业和纺织工业比重过高。轻工业和纺织工业属于劳动密集型企业，人员工资上涨对产业发展影响较大。另外，这两个产业集中了大量中小型企业，抗风险能力较弱，遭遇金融危机后亏损情况严重，影响了东部地区消费品工业的整体发展质量。另一方面，医药工业仍偏重低附加值的化学药品原料药制造，生物医药和化学制剂产业发展不尽如人意，不符合全球医药产业发展方向。

第十章　中部地区

第一节　中部地区消费品工业发展情况

中部地区有着明显的资源和人口优势，是我国消费品工业的重要生产地区和消费地区。2014 年，国内宏观经济增长放缓，下行压力持续增加，出口环境仍不容乐观，中部地区消费品工业受到一定影响，但整体上依然保持平稳增长态势。

一、生产情况

（一）主要消费品产量继续保持增长态势

2014 年 1—12 月，中部主要消费品产量继续保持增长态势。在关注的 24 种主要消费品中，除饮料酒、卷烟、布、印染布、皮革鞋靴、纸浆、化学药品原药同比下降外，其他消费品产量都保持着继续增长态势，特别是无纺布、纸制品、中成药，产量同比增速分别达到 55.8%、25.8% 和 58.5%。

（二）主要消费品产量在全国占据重要位置，且部分产品在全国的地位增加

凭借着丰富的原料资源，中部地区成为我国消费品的重要产区，特别是食品和医药产业。2014 年 1—12 月，24 种主要消费品中，有 10 种产品在全国中的份额超过了 25%，其中大米、方便面、精制茶产量在全国的比例分别达到 52.8%、50.9% 和 48.9%，罐头、纱、中成药分别达到 29.2%、34.1% 和 41.3%。11 种消费品在全国中的地位增加，其中液体乳、方便面、乳制品、无纺布、轻革、中成药在全国中的份额分别上升 2.2%、4.9%、2.0%、2.8%、3.1%、10.5%。

表 10-1　2014 年 1—12 月主要消费品产品生产情况

产品	单位	累计产量	同比增速（%）	占全国比重（%）	同期比重变化（%）
液体乳	万吨	515.7	14.3	21.5	2.2
大米	万吨	6889.8	12.0	52.8	0.5
精制食用植物油	万吨	1693.4	7.5	25.9	0.6
鲜、冷藏肉	万吨	955.5	18.0	24.5	0.6
方便面	万吨	521.5	10.0	50.9	4.9
乳制品	万吨	533.7	9.2	20.1	2.0
罐头	万吨	342.6	14.9	29.2	0.7
饮料酒	万千升	1396.2	−2.6	21.3	−0.4
软饮料	万吨	3621.7	11.8	21.7	0.0
精制茶	万吨	119.1	3.3	48.9	−3.1
卷烟	亿支	7054.6	−0.4	27.0	−0.6
纱	万吨	1327.7	7.6	34.1	−0.1
布	亿米	131.6	−0.6	18.7	−0.7
印染布	亿米	17.6	−10.2	3.3	−0.3
无纺布	万吨	101.8	55.8	28.2	2.8
服装	亿件	51.4	9.1	17.2	−0.2
轻革	万平方米	15897.8	22.1	26.8	3.1
皮革鞋靴	亿双	5.8	−38.8	12.8	−6.3
人造板	万立方米	7077.8	4.2	23.4	−1.5
家具	万件	8790.8	15.2	11.3	−0.4
纸浆	万吨	399.7	−3.6	24.3	−0.6
纸制品	万吨	1636.0	25.8	24.7	0.2
化学药品原药	万吨	66.9	−1.0	22.2	−2.7
中成药	万吨	151.5	58.5	41.3	10.5

数据来源：国家统计局，2015 年 1 月。

二、出口情况

（一）出口交货值稳定增长

2014 年 1—12 月，消费品中的 15 个行业累计出口交货值 3214.3 亿元，同比增长 17.6%，高于全国增长水平 10.9%。从 15 个子行业来看，除酒、饮料和精制茶制造业，木材加工和木、竹、藤、棕、草制品业，造纸和纸制品业出口同比下降外，其他12个子行业均呈现出同比增长态势，其中酒皮革、毛皮、羽毛及其制品和制鞋业，家具制造业，印刷和记录媒介复制业，文教、工美、体育和娱乐用品制造业同比增长分别达到26.2%、41.3%、55.1%、37.8%，明显高于消费品工业整体出口增速水平。与全国增速比较，中部地区除酒、饮料和精制茶制造业，木材加工和木、竹、藤、棕、草制品业和造纸和纸制品业低于全国增速水平外，其他行业均高于全国水平。

表10-2 2014年1—12月中部地区消费品工业出口交货值及其比较

行业	出口交货值（亿元）	同比增速（%）	与全国同比增速差（%）
农副食品加工业	324.4	20.4	16.0
食品制造业	213.0	10.6	6.1
酒、饮料和精制茶制造业	42.4	−26.3	−31.3
烟草制品业	4.9	5.6	2.7
纺织业	396.5	12.7	11.7
纺织服装、服饰业	572.0	19.8	16.7
皮革、毛皮、羽毛及其制品和制鞋业	442.0	26.2	20.5
木材加工和木、竹、藤、棕、草制品业	80.8	−29.0	−37.6
家具制造业	97.4	41.3	36.5
造纸和纸制品业	31.6	−6.0	−10.0
印刷和记录媒介复制业	15.8	55.1	46.9
文教、工美、体育和娱乐用品制造业	565.4	37.8	19.2
医药制造业	206.3	14.3	8.7
化学纤维制造业	25.6	7.4	4.3
橡胶和塑料制品业	196.0	3.9	0.1
合计	3214.3	17.6	10.9

数据来源：国家统计局，2015年1月。

（二）出口地位有所提高

2014年1—12月，中部地区消费品出口交货值累计值占全国的比重为10.3%，在全国的出口地位相对较低。但是，中部在我国消费品出口的地位有略有上升，比 2013 年同期提高了 0.9 个百分点。从 15 个子行业来看，虽然所有行业出口占全国的比例不超过 20%，但是除酒、饮料和精制茶制造业，木材加工和木、竹、藤、棕、草制品业，造纸和纸制品业，橡胶和塑料制品业出口地位分别下降 5.6%、4.2%、0.4% 和 0.1%，其他 11 个子行业出口地位均有一定上升。

表 10-3 2014 年 1—12 月中部消费品出口交货值占全国比重

行业	占全国比（%）	占全国比同期变化（%）
农副食品加工业	10.2	1.5
食品制造业	19.2	1.0
酒、饮料和精制茶制造业	15.7	−5.7
烟草制品业	13.0	0.3
纺织业	10.0	1.3
纺织服装、服饰业	11.1	1.5
皮革、毛皮、羽毛及其制品和制鞋业	12.7	2.0
木材加工和木、竹、藤、棕、草制品业	9.5	−4.2
家具制造业	6.0	1.5
造纸和纸制品业	5.3	−0.4
印刷和记录媒介复制业	3.8	0.8
文教、工美、体育和娱乐用品制造业	11.5	0.9
医药制造业	15.9	1.1
化学纤维制造业	5.4	0.1
橡胶和塑料制品业	5.1	−0.1
合计	10.3	0.9

数据来源：国家统计局，2015 年 1 月。

三、效益情况

（一）主营业务收入继续快速增长

2014 年 1—12 月，中部地区消费品主营业务收入 64316.6 亿元，同比增长 13.8%。随着中部地区消费需求逐渐释放，中部消费品行业主营业务收入快速增长，15 个行业中，除化学纤维制造业主营业务收入出现小幅负增长外，其他 14 个行业增长都超过或接近 15% 的增速。与全国增速比较来看，除木材加工和木、竹、藤、棕、草制品业，造纸和纸制品业增速分别低于全国 3.9%、5.0% 外，其他行业增速均等于或高于全国平均水平，特别是印刷和记录媒介复制业、文教、工美、体育和娱乐用品制造业分别高于全国 33.2%、17.6%。

表 10-4　2014 年 1—12 月中部消费品工业累计主营业务收入

行业	主营业务收入（亿元）	同比增速（%）	与全国增速差（%）
农副食品加工业	17220.3	11.9	4.9
食品制造业	5205.7	15.1	2.8
酒、饮料和精制茶制造业	4386.7	10.4	3.4
烟草制品业	2397.2	7.4	0.0
纺织业	7082.2	11.6	4.6
纺织服装、服饰业	4177.8	20.5	12.5
皮革、毛皮、羽毛及其制品和制鞋业	2699.2	19.5	10.3
木材加工和木、竹、藤、棕、草制品业	2821.9	7.0	-3.9
家具制造业	1341.3	17.9	7.0
造纸和纸制品业	2686.0	1.3	-5.0
印刷和记录媒介复制业	1708.0	42.7	33.2
文教、工美、体育和娱乐用品制造业	1969.5	30.0	17.6
医药制造业	5138.0	18.6	5.6
化学纤维制造业	364.3	-0.9	-4.3
橡胶和塑料制品业	5118.6	13.4	5.3
合计	64316.6	13.8	5.4

数据来源：国家统计局，2015 年 1 月。

（二）亏损情况较全国比较轻，但个别省份较重

2014 年，中部地区消费品工业亏损情况稍缓。1—12 月，中部地区消费品工业亏损面 5.0%，亏损深度 2.5%。与全国消费品工业亏损面 9.7%、亏损深度 4.8% 的水平相比，中部地区消费品工业亏损情况相对较轻。

就各省的亏损面看，中部六省中的山西省最为明显，亏损面为 23.3%，而河

南省亏损最小，亏损面为2.7%。安徽省、江西省、湖北省、湖南省亏损面依次为6.0%、3.8%、6.4%和4.1%。

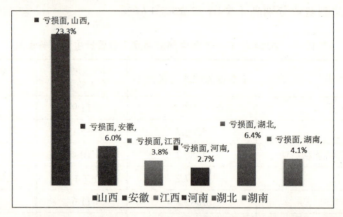

图10-1　2014年1—12月中部六省消费品工业亏损面

数据来源：国家统计局，2015年1月。

就各省的亏损深度来看，中部六省中，同样是山西省最为明显，亏损深度为14.6%，而江西省亏损最小，亏损深度为0.7%。安徽省、河南省、湖北省、湖南省亏损深度依次为2.9%、1.8%、3.9%和3.2%。

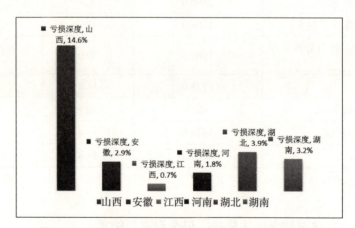

图10-2　2014年1—12月中部六省消费品工业亏损深度

数据来源：国家统计局，2015年1月。

从行业的亏损情况来看，亏损面前五名的行业为烟草制品业、纺织业、医药制造业、造纸和纸制品业以及酒、饮料和精制茶制造业，亏损面分别为17.6%、

8.6%、7.4%、6.6%、6.6%。亏损深度前五名的行业为造纸和纸制品业，化学纤维制造业，纺织业，酒、饮料和精制茶制造业，农副食品加工业，亏损深度分别达到10.1%、8.4%、5.4%、4.2%、2.2%。

表10-5　2014年1—12月中部六省消费品行业亏损情况

行业	亏损面（%）	亏损深度（%）
农副食品加工业	3.5	2.2
食品制造业	4.0	1.6
酒、饮料和精制茶制造业	6.6	4.2
烟草制品业	17.6	0.1
纺织业	8.6	5.4
纺织服装、服饰业	5.0	1.4
皮革、毛皮、羽毛及其制品和制鞋业	2.6	0.8
木材加工和木、竹、藤、棕、草制品业	2.1	1.7
家具制造业	2.0	0.3
造纸和纸制品业	6.6	10.1
印刷和记录媒介复制业	6.7	1.7
文教、工美、体育和娱乐用品制造业	3.3	1.0
医药制造业	7.4	2.1
化学纤维制造业	5.4	8.4
橡胶和塑料制品业	5.1	1.8
平均	5.0	2.5

数据来源：国家统计局，2015年1月。

四、主要问题

（一）工业基础相对薄弱

中部地区工业基础相对薄弱，加工贸易产品多以初级产品为主，部分企业还处于一般性的原料初级加工的低端化状态，深加工不够，高附加值产品不多。占行业大多数的中小企业专业化程度低，技术装备落后，技术创新能力不强，甚至没有从根本上改变作坊式生产的方式。部分产业发展的金融、物流等配套服务发展滞后，产品特色不突出，未形成完备的产业链，增加了企业的生产成本，抵消了其在土地和劳动力方面的优势。

（二）专业技术人才短缺

受区域经济发展、教育投入水平低、专业技能培训机构不足等因素的影响，中部地区专业技术人才缺乏严重，中高层次的专业技术人才、管理人才极为缺乏，尤其是消费品工业发展需要的设备维修人员、熟练工等严重不足，已成为制约中部地区消费品工业发展壮大和转型升级的重要瓶颈之一。

（三）承接产业转移机遇与风险并存

随着国家促进中部地区崛起战略等政策的实施，中部地区由于具有区位、资源、环境、市场等优势，正面临承接产业转移的良好契机。在产业转移的过程中，随之而来的环境风险也日益凸显。东部地区部分污染和耗能企业向中部转移，势必带来一系列的环境污染问题。同时，中部人口密度比较高，人多地少，工业用地土地资源的稀缺也是承接产业转移过程中不能回避的问题。

第二节 主要行业发展情况：食品工业

一、生产情况

（一）生产增速相对较快

2014年，中部食品产业产量增速相对较快，1—12月，除饮料酒出现2.6%的负增长外，液体乳、大米、精制食用植物油、鲜、冷藏肉、方便面、乳制品、罐头、软饮料、精制茶分别同比增长14.3%、12.0%、7.5%、18.0%、10.0%、9.2%、14.9%、11.8%、3.3%。

（二）在全国的生产地位有所提高

中部是我国食品工业的重要原料基地和产区，其产值约占全国的20%以上。2014年，食品工业产值在全国中的地位有所提高。1—12月，中部食品工业主营业务收入占全国份额为27.5%，相比2013年同期提高1.6%。

二、出口情况

（一）出口缓和增长

整体来看，2014年中部地区食品行业出口缓和增长。1—12月，中部六省出口 580.0 亿元，同比增长 11.6%，相比同期增加 2.4 个百分点。

（二）地区与行业表现差异明显

从地区角度看，食品行业出口差异明显，表现相对较好的为河南省，农副食品加工业、食品制造业和酒、饮料和精制茶制造业同比均实现较高幅度增长，依次为 24.8%、14.7% 和 8.1%。安徽省食品行业出口并不理想，农副食品加工业、食品制造业和酒、饮料和精制茶制造业同比出现了分别为 10.0%、4.7%、31% 的跌幅。从行业角度看，农副食品加工业整体表现相对较好，除安徽省的农副食品加工业增速同比下降外，其他省均保持增长，尤其是河南省、湖南省和湖北省表现较为明显，均保持 20% 以上的增速。

表 10-6　2014 年 1—12 月中部六省食品行业出口

地区	行业	同比增长
山西	农副食品加工业	4.4%
	食品制造业	4.5%
	酒、饮料和精制茶制造业	5.0%
安徽	农副食品加工业	−10.0%
	食品制造业	−4.7%
	酒、饮料和精制茶制造业	−31.0%
江西	农副食品加工业	12.8%
	食品制造业	−9.5%
	酒、饮料和精制茶制造业	26.2%
河南	农副食品加工业	24.8%
	食品制造业	14.7%
	酒、饮料和精制茶制造业	8.1%
湖北	农副食品加工业	29.3%
	食品制造业	20.5%
	酒、饮料和精制茶制造业	−23.2%
湖南	农副食品加工业	23.3%
	食品制造业	−7.4%
	酒、饮料和精制茶制造业	35.7%

数据来源：国家统计局，2015 年 1 月。

三、效益情况

（一）主营业务收入继续快速增长

2014年，中部地区食品行业主营业务收入达27550.0亿元，同比增长约15%。从细分行业来看，食品生产的地位提高主要来源于酒、饮料和精制茶制造业，相比2013年提高4.7%。而农副食品加工业、食品制造业分别相比2013年同期份额稍高0.5个和1.6个百分点。

表10-7　2014年1—12月中部食品行业主营业务收入占全国份额

行业	占全国份额	占去年同期份额相比
食品工业	27.5%	1.6%
农副食品加工业	14.9%	0.5
食品制造业	55.5%	1.6%
酒、饮料和精制茶制造业	42.3%	4.7%

数据来源：国家统计局，2015年1月。

（二）亏损情况加剧

2014年1—12月，中部地区食品工业亏损面为4.1%，较之2013年同期多0.2个百分点，亏损深度为2.5%，高于2013年同期0.8个百分点。整体来看，中部地区食品工业亏损面略微加大，亏损程度有所加深，亏损情况加剧。分行业来看，酒、饮料和精制茶制造业表现欠佳。分省份来看，山西省亏损情况较为突出。

表10-8　2014年1—12月中部地区食品工业亏损情况与2013年同期比较

地区	行业	亏损面	亏损深度
山西	农副食品加工业	20.1%	12.5%
	食品制造业	12.5%	6.0%
	酒、饮料和精制茶制造业	31.0%	22.7%
安徽	农副食品加工业	4.1%	1.8%
	食品制造业	4.7%	6.6%
	酒、饮料和精制茶制造业	7.8%	3.8%
江西	农副食品加工业	3.9%	0.4%
	食品制造业	4.5%	0.5%
	酒、饮料和精制茶制造业	10.1%	2.9%

（续表）

地区	行业	亏损面	亏损深度
河南	农副食品加工业	2.6%	2.4%
	食品制造业	1.5%	0.1%
	酒、饮料和精制茶制造业	3.9%	2.3%
湖北	农副食品加工业	3.1%	2.4%
	食品制造业	5.2%	5.2%
	酒、饮料和精制茶制造业	6.3%	3.9%
湖南	农副食品加工业	3.0%	1.6%
	食品制造业	5.0%	1.3%
	酒、饮料和精制茶制造业	4.1%	11.4%

数据来源：国家统计局，2015 年 1 月。

四、发展经验

（一）自然禀赋优越，区域优势明显

近年来，中部地区借助农产品资源优势，努力打造食品工业，并呈现出快速发展的趋势。中部地区是我国重要的粮食主产区和养殖业基地，中部地区地处中国内陆腹地，承东启西，连南贯北，辐射四周，具备发展食品工业的良好物流运输条件。中部六省多是人口大省，人口基数大，人工成本相对较低，原料、能源等成本相对沿海省份也普遍偏低，在承接产业转移上具有综合成本优势。同时，随着人均收入的提高和城市化进程的加快，居民食品消费总量稳步扩大，消费结构逐步升级，发展食品工业具有较大市场需求空间。

（二）政策利好推动产业持续发展

食品工业布局向原料产区、重要物资节点和产业园区集中既是大势所趋，也是促进中部崛起等区域发展战略鼓励和支持的方向。在中央相继出台的区域发展政策推动下，食品工业区域经济逐渐趋向均衡协调发展。中部地区各省也结合自身特点出台了一系列的产业振兴政策措施，如《河南省食品工业调整振兴规划》、《山西省食品产业调整和振兴规划》、《江西省绿色食品产业延伸规划》、《安徽省轻工业调整和振兴规划》、《湖南省农产品加工业振兴规划》、《湖南省人民政府办公厅关于加快发展食品产业的意见》、《江西省人民政府办公厅关于加快食品产业发展的意见》等。

（三）集群效应日益明显

近年来，中部地区食品工业逐步形成了一批产业集群，涌现了一些初具影响力的食品工业园区，正在向做大做强的方向发展。河南省提出打造漯河经济技术产业集聚区、临颍县产业集聚区、郑州马寨工业园区、郑州航空港区、汤阴县产业集聚区、鹤淇产业集聚区、遂平县产业集聚区、浚县产业集聚区、潢川县产业集聚区、延津县产业集聚区等10个超百亿元食品产业集群。湖北省初步形成了长江三峡柑橘罐头生产、汉江流域水果加工、江汉平原优质粮油、环洪湖优质水产、沿武汉城郊蔬菜加工等具有区域特色的食品生产基地；湖南重点培育长沙粮油乳茶、岳阳粮油茶调味品、常德粮油水产品、益阳粮茶水产品等食品产业集群。

第三节　重点地区发展情况：江西省

一、生产情况

（一）主要消费品产量快速增长

2014 年 1—12 月，江西省除部分食品和纺织类产品增长出现不同幅度的下降外，其他主要消费品均呈现快速增长态势，尤其是鲜、冷藏肉、布、轻革的增速均超过了 20%。与全国增速相比，主要消费品增速表现差异明显，其中大精制食用植物油、方便面、罐头、纱、印染布、服装、皮革鞋靴、人造板、化学药品原药增速低于全国。

（二）多数消费品在全国中的地位稳中有进

江西省消费品工业发展相对均衡。在 24 项主要消费品产量中，有 16 项保持同比增长，有 15 项增速高于全国平均水平。与去年相比，江西省消费品行业产品在全国的地位稳中有进，24 项主要消费品产量中有 4 项维持在全国的份额，有 10 项提高了在全国的份额，产品地位有所上升。

表 10-9　2014 年 1—12 月江西主要消费品产量同比增速及比较

	同比增长	相比全国	占全国份额	份额变化
液体乳	6.4%	7.3%	1.2%	0.0%
大米	16.2%	8.9%	5.3%	0.2%
精制食用植物油	−5.0%	−11.6%	2.9%	−0.3%

（续表）

	同比增长	相比全国	占全国份额	份额变化
鲜、冷藏肉	37.9%	33.0%	0.7%	0.1%
方便面	−5.0%	−3.5%	0.1%	0.0%
乳制品	3.3%	4.6%	1.3%	0.1%
罐头	3.7%	−1.0%	1.3%	−0.1%
饮料酒	7.2%	7.3%	2.3%	0.2%
软饮料	5.2%	0.6%	1.9%	−0.1%
精制茶	16.7%	13.3%	2.9%	0.2%
卷烟	5.9%	3.9%	2.6%	0.1%
纱	−2.1%	−7.7%	4.0%	−0.4%
布	24.7%	25.2%	1.4%	0.2%
印染布	−51.4%	−48.9%	0.1%	−0.1%
无纺布	25.4%	14.7%	4.1%	−0.5%
服装	−6.4%	−8.0%	4.1%	−0.7%
轻革	27.5%	27.0%	7.0%	1.1%
皮革鞋靴	−5.2%	−8.2%	4.2%	0.2%
人造板	−33.4%	−40.2%	1.8%	−1.2%
家具	21.9%	18.8%	1.9%	0.0%
纸浆	17.9%	16.4%	2.0%	0.3%
纸制品	26.6%	17.6%	2.2%	0.0%
化学药品原药	−4.8%	−9.9%	1.6%	−0.3%
中成药	4.4%	2.3%	3.0%	−0.4%

数据来源：国家统计局，2015 年 1 月。

二、出口情况

2014 年 1—12 月，江西省消费品工业木材加工和木、竹、藤、棕、草制品业、化学纤维制造业出口出现了负增长。具体增速方面，除食品制造业，酒、饮料和精制茶制造业，文教、工美、体育和娱乐用品制造业增速放缓外，其他行业均实现优于 2013 年同期的高速增长，尤其是轻工类造纸和纸制品业、印刷和记录媒介复制业、化学纤维制造业、橡胶和塑料制品业增长势头强劲，出口增速分别为 67.6%、114.9%、40.4%、38.6%。

（续表）

表 10-10　2014 年 1—12 月江西消费品行业出口增速及比较

	出口增速	相比去年同期
农副食品加工业	24.8%	11.0%
食品制造业	14.7%	−15.0%
酒、饮料和精制茶制造业	8.1%	−17.6%
烟草制品业	0.0%	0.0%
纺织业	23.2%	28.9%
纺织服装、服饰业	21.4%	10.3%
皮革、毛皮、羽毛及其制品和制鞋业	14.7%	0.9%
木材加工和木、竹、藤、棕、草制品业	−18.2%	−22.5%
家具制造业	19.6%	1.0%
造纸和纸制品业	45.4%	67.6%
印刷和记录媒介复制业	98.0%	114.9%
文教、工美、体育和娱乐用品制造业	18.3%	−5.6%
医药制造业	43.1%	25.1%
化学纤维制造业	−29.4%	40.4%
橡胶和塑料制品业	12.6%	38.6%

数据来源：国家统计局，2015 年 1 月。

三、效益情况

（一）主营业务快速增长

2014 年 1—12 月，江西省消费品行业主营业务收入均实现快速增长，多数接近 20% 的增速。特别是农副产品加工业，纺织服装、服饰业，皮革、毛皮、羽毛及其制品和制鞋业，纺织服装、服饰业，印刷和记录媒介复制业，文教、工美、体育和娱乐用品制造业，增速分别达到 21.0%、21.3%、20.0%、25.8% 和 29.9%，增速明显高于其他行业。与 2013 年同期增速相比，消费品行业多数呈增速回升态势，除烟草制品业、纺织业、家具制造业有小幅下降外，增速分别比 2013 年下降 0.7 个、2.4 个、13.9 个百分点外，其他行业增速均高于 2013 年同期，特别是化学纤维制造业，增速比去年同期高达 15.1 个百分点。

表 10-11 2014 年 1—12 月江西消费品行业主营业务收入增长情况及比较

	主营业务收入同比增长	相比2013年同期
农副食品加工业	21.0%	3.6%
食品制造业	17.7%	2.9%
酒、饮料和精制茶制造业	19.1%	1.4%
烟草制品业	14.0%	−0.7%
纺织业	18.7%	−2.4%
纺织服装、服饰业	21.3%	3.7%
皮革、毛皮、羽毛及其制品和制鞋业	20.0%	4.8%
木材加工和木、竹、藤、棕、草制品业	9.1%	3.7%
家具制造业	11.1%	−13.9%
造纸和纸制品业	18.6%	9.5%
印刷和记录媒介复制业	25.8%	0.6%
文教、工美、体育和娱乐用品制造业	29.9%	10.6%
医药制造业	14.9%	0.9%
化学纤维制造业	16.6%	15.1%
橡胶和塑料制品业	16.4%	1.1%

数据来源：国家统计局，2015 年 1 月。

（二）亏损情况有所改善

2014 年，江西省消费品行业亏损情况较轻，并较 2013 年有所改善。从亏损面来看，1—12 月，除酒、饮料和精制茶制造业亏损面达到 10.1% 外，其他行业整体来看，亏损面多数在 3% 左右。与 2013 年相比，有 9 项亏损面收窄，亏损状况有一定的缓解，但酒、饮料和精制茶制造业亏损加剧明显，上升了 5.2 个百分点。

从亏损深度来看，整体亏损深度较轻，多数处于在 1% 以下的亏损深度，相比 2013 年同期，有 4 项维持去年的水平，有 8 项减轻了亏损深度，只有木材加工和木、竹、藤、棕、草制品业，造纸和纸制品业，橡胶和塑料制品业 3 项小幅度提高了亏损深度，分别为 0.3%、1.1%、0.1%。

表 10-12 2014 年 1—12 月江西消费品行业亏损情况及比较

	亏损面	相比去年同期	亏损深度	相比2013年同期
农副食品加工业	3.9%	0.7%	0.4%	0.0%
食品制造业	4.5%	−1.6%	0.5%	−0.4%
酒、饮料和精制茶制造业	10.1%	5.2%	2.9%	−3.4%
烟草制品业	0.0%	0.0%	0.0%	0.0%
纺织业	5.7%	−3.0%	1.8%	−3.2%
纺织服装、服饰业	2.8%	−0.1%	0.1%	−1.1%
皮革、毛皮、羽毛及其制品和制鞋业	2.1%	−2.7%	0.5%	−2.1%
木材加工和木、竹、藤、棕、草制品业	3.4%	−0.1%	2.1%	0.3%
家具制造业	1.7%	−1.2%	0.0%	−0.1%
造纸和纸制品业	4.0%	2.5%	1.6%	1.1%
印刷和记录媒介复制业	1.6%	−1.0%	0.1%	0.0%
文教、工美、体育和娱乐用品制造业	2.4%	0.7%	0.3%	0.0%
医药制造业	4.4%	−1.1%	0.9%	−1.7%
化学纤维制造业	0.0%	−10.0%	0.0%	−1.8%
橡胶和塑料制品业	3.9%	1.6%	0.1%	0.1%

数据来源：国家统计局，2015 年 1 月。

四、发展经验

（一）着力推进两化融合，着力承接产业转移

近年来，江西省大力推进消费品工业与信息化的深度融合，积极应用信息化技术改造提升传统产业，不断完善信息化服务平台，积极推进电子商务发展，促进消费品工业的转型升级和跨越发展。同时，江西省紧紧抓住东部沿海地区纺织服装、食品药品产业加速向中西部地区转移的有利机遇，不断夯实承接平台，努力完善产业配套，大力开展招商引资，吸引了一大批重点项目落户。

（二）大力推动消费品工业产业基地建设

江西省工信委非常重视消费品工业产业基地的培育和发展，注重发挥工业园区的产业集聚和产业带动功能，通过延伸产业链条、做大产业规模、提升辐射范

围等措施，逐步培育形成一批优势产业突出、配套体系完善、规模效益显著的产业园区。纺织服装方面培育了九江共青城羽绒服装、南昌青山湖区针织服装、宜春奉新县棉纺织、赣州南康市西服西裤、新余分宜苎麻纺织等纺织服装产业基地；生物医药方面打造了南昌高新区生物医药产业集群、小蓝生物医药产业基地、宜春袁州医药产业基地、樟树福城医药园、桑海生物医药产业园和进贤医疗器械产业园等医药工业集聚地；食品方面建立了南昌小蓝经济开发区食品饮料产业基地、九江市庐山区绿色食品产业集群、南昌青山湖区食品产业基地、新建长埂食品工业园、赣州开发区食品产业园、樟树酿酒产业基地、吉水县粮油食品产业集群、上高绿色食品产业集群、南城南丰农副食品产业基地、新干县粮油食品产业基地为主的产业群。同时，成功推荐江西共青城经济开发区（纺织服装）、江西樟树工业园区（中药）、江西景德镇（陶瓷制品）为国家新型工业化产业示范基地。

（三）出台扶持政策支持重点行业发展

依托良好的资源禀赋，服装、中成药、农副食品已成为江西消费品工业的三大支柱，生物和新医药、绿色食品等产业也已被列为全省十大战略性新兴产业。为进一步做大做强优势行业，江西省政府办公厅印发了《关于加快食品产业发展的意见》，江西省工信委制定发布了《关于促进我省纺织行业转型升级的指导意见》、《关于印发2013年江西医药工业主营业务收入千亿产业推进方案的通知》，并按照《江西省纺织行业转型升级示范企业认定管理办法（试行）》，先后认定两批总计13家企业为江西省纺织行业转型升级示范企业，这些政策措施有力地推动了相关行业的发展。

第十一章　西部地区

第一节　整体发展情况

一、生产情况

（一）主要消费品产量继续保持良好增长态势

总体上，2014年西部地区主要消费品的产量依然保持了较好的增长态势。1—12月，液体乳等14种重点消费品中，除了纸浆、方便面、乳制品和冷冻饮品同比增速出现下降外，其他主要消费品的产量均出现不同程度的增长。其中，精制茶的产量达到59.14万吨，相比2013年增长了48.63%，占全国总产量的比重达到24.26%，相比2013年增长了6.33%。另外大米、纸制品、增速也超过20%，显著高于全国平均水平，占全国总产量的比重也逐步提升，分别达到了10.82%、16.22%。此外，随着东部地区人力成本增加，服装企业将生产环节陆续从江浙等沿海城市向西部地区转移，整个西部2013年的服装产量增长了25.5%，但由于起步较晚，占全国比重仍不足3%。

（二）部分消费品产品产量略微下降

从数据来看，纸浆、方便面、乳制品和冷冻产品的产量同比增速出现下降，其中纸浆和方便面的降幅超过了10%，占全国总产量的比重也分别下降了2.78%和3.58%。乳制品、冷冻饮品的产量分别为817.16万吨和81.38万吨，同比增速略有下降，其中冷冻饮品的降幅稍高，达到了4.1%。

此外，西部地区的液体乳、家具、中成药三个消费品的产量同比均有所增加，但由于增幅低于全国平均水平，占全国总产量的比重也出现负增长，降幅分别达到了 0.77%、0.36% 和 1.93%。

表 11-1 2014 年 1—12 月西部地区主要消费品产品产量、地位及其变化

主要消费品	单位	累计产量	同比增速	占全国比重	上年同期比重变化
液体乳	万吨	751.2	0.3%	31.3%	−0.8%
纸浆	万吨	273.8	−15.2%	16.6%	−2.8%
大米	万吨	1411.6	21.2%	10.8%	0.9%
精制植物油	万吨	898.1	7.4%	13.7%	0.3%
纸制品	万吨	1076.3	32.3%	16.2%	0.9%
成品糖	万吨	1433.4	6.5%	86.3%	0.5%
方便面	万吨	115.8	−24.5%	11.3%	−3.6%
乳制品	万吨	817.2	−1.7%	30.8%	0.0%
冷冻饮品	万吨	81.4	−4.1%	26.4%	−3.3%
精制茶	万吨	59.1	48.6%	24.3%	6.3%
家具	万件	3046.2	9.3%	3.9%	−0.4%
服装	亿件	6.7	25.5%	2.2%	0.3%
化学原药	万吨	29.3	41.6%	9.7%	2.1%
中成药	万吨	107.3	11.0%	29.2%	−1.9%

数据来源：国家统计局，2015 年 1 月。

二、出口情况

（一）出口交货值有所增长，增速普遍高于全国平均水平

相比 2013 年，西部地区消费品工业出口情况得到明显的好转。1—12 月，消费品工业累计出口交货值为 1058.85 亿元，较 2013 年同期相比增长了 19.7%，高于全国消费品工业平均水平 13 个百分点。

就各行业看，在 15 个消费品典型行业中，只有纺织行业出口交货值与 2013 年同期相比出现负增长，下降了 1.7%，但受到利率持续升高的影响，全国纺织业出口均受到抑制，全国平均增速在 1% 左右。另外 14 个同比正增速的行业中，印刷和记录媒介复制、文教、工美、体育和娱乐用品制造业、早知和纸制品业三个行业表现最为强劲，其中前两个子行业增速将近 100%。另外，农副食品加工业、酒饮料和精制茶制造业的增长也十分显著，出口交货值分别达到 173.2 亿元

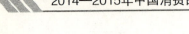

和 88.5 亿元，增速也均超过了 30%。

表 11-2　2014 年 1—12 月西部地区消费品工业出口交货值及其比较

行业	出口交货值（亿元）	同比增速	与全国同比增速差	全国同比增长
农副食品加工业	173.2	33.7%	29.3%	4.4%
食品制造业	112.9	3.1%	−1.5%	4.5%
酒、饮料和精制茶制造业	88.5	39.1%	34.1%	5.0%
烟草制品业	15.3	7.1%	4.3%	2.8%
纺织业	152.4	−1.7%	−2.6%	1.0%
纺织服装、服饰业	62.3	5.6%	2.6%	3.0%
皮革、毛皮、羽毛及其制品和制鞋业	115.1	10.2%	4.5%	5.7%
木材加工和木、竹、藤、棕、草制品业	48.5	28.3%	19.7%	8.6%
家具制造业	12.6	24.2%	19.4%	4.9%
造纸和纸制品业	14.8	51.5%	47.5%	4.0%
印刷和记录媒介复制业	7.5	95.4%	87.2%	8.2%
文教、工美、体育和娱乐用品制造业	85.3	97.3%	78.7%	18.6%
医药制造业	93.6	23.5%	17.9%	5.6%
化学纤维制造业	19.5	21.9%	18.7%	3.1%
橡胶和塑料制品业	57.3	9.2%	5.3%	3.8%

数据来源：国家统计局，2015 年 1 月。

（二）全国消费品工业中的出口地位继续提升，但不同行业存在差异

2014 年 1—12 月，西部地区消费品工业在全国消费品工业中的出口地位得到了一定的提升，累计出口交货值占同期全国消费品工业累计出口交货值的比由 2013 年同期的 3.02% 提高至 3.39%。

从各行业看，只有食品制造业出口交货值占全国比重出现略微下降，降幅不足 1%，占全国比重为 10.17%。其余 14 个子行业中，酒、饮料和精制茶制造业、烟草制造业与农副食品加工业等三个行业占比上升幅度位居前几位，分别达到 9.1 个、1.64 个和 1.25 个百分点，而且酒、饮料和精制茶制造业、烟草制造业的出口交货值所占比重均超过全国总出口三分之一。

表11-3　2014年1—12月西部地区消费品工业出口交货值全国地位及其变化

行业	占全国比重	占全国比重同期变化
农副食品加工业	5.4%	1.2%
食品制造业	10.2%	−0.2%
酒、饮料和精制茶制造业	32.7%	9.1%
烟草制品业	40.6%	1.6%
纺织业	3.9%	0.0%
纺织服装、服饰业	1.2%	0.0%
皮革、毛皮、羽毛及其制品和制鞋业	3.3%	0.1%
木材加工和木、竹、藤、棕、草制品业	5.7%	1.2%
家具制造业	0.8%	0.1%
造纸和纸制品业	2.5%	0.9%
印刷和记录媒介复制业	1.8%	0.7%
文教、工美、体育和娱乐用品制造业	1.7%	0.6%
医药制造业	7.2%	1.0%
化学纤维制造业	4.1%	0.6%
橡胶和塑料制品业	1.5%	0.1%

数据来源：国家统计局，2015年1月。

三、效益情况

（一）主营业务收入增速下降

2014年，整个工业下行压力相比2013年更大，西部地区的消费品行业的主营业务收入增长速度明显放缓，累计实现35328.46亿元，相比2013年同比增长了10.6%，占全国消费品行业主营业务收入的8.58%，相比2013年增长了0.48%。

子行业中，皮革、毛皮、羽毛及其制品和制鞋业的主营业务收入出现负增长，降低了0.09%，但该行业的全国平均水平增速也有所降低。另外14个子行业中，增速最快的是文教、工美、体育和娱乐用品制造业，高达51.28%，占全国比重也增长了0.68%。相比2013年，农副食品加工、烟草制品、印刷和记录媒介复制业的占全国比重也略微出现下降，分别下降了0.01%、0.12%和0.71%。

表11-4　2014年1—12月份主营业务收入、同比增长及占全国比重情况

行业	主营业务收入（亿元）	同比增长	占全国比重	占比差
农副食品加工业	9376.6	6.7%	14.8%	0.0%
食品制造业	3361.8	21.5%	16.6%	1.4%
酒、饮料和精制茶制造业	4838.9	8.5%	29.8%	0.4%
烟草制品业	2999.4	7.0%	33.7%	−0.1%
纺织业	2350.3	6.2%	6.2%	0.1%
纺织服装、服饰业	615.6	13.6%	3.0%	0.1%
皮革、毛皮、羽毛及其制品和制鞋业	663.1	−0.1%	4.9%	−0.4%
木材加工和木、竹、藤、棕、草制品业	1639.7	18.1%	12.5%	0.9%
家具制造业	719.7	13.1%	10.0%	0.2%
造纸和纸制品业	1433.5	5.0%	10.6%	0.5%
印刷和记录媒介复制业	693.1	17.5%	10.4%	−0.7%
文教、工美、体育和娱乐用品制造业	503.4	51.3%	3.4%	0.7%
医药制造业	3259.3	14.0%	14.0%	0.1%
化学纤维制造业	336.2	3.0%	4.7%	0.2%
橡胶和塑料制品业	2537.8	14.7%	8.6%	0.5%

数据来源：国家统计局，2015年1月。

（二）亏损情况突出

就整体上看，西部地区消费品工业累计情况要比2013年略有严重，整体亏损面达到了11.91%，不仅高出全国消费品工业平均水平2.24个百分点，较2013年全年水平高出了0.84个百分点。同期，亏损深度达到了6.41%，高出全国消费品工业平均水平1.58个百分点，相比2013年全年高0.47个百分点。

就地区看，1—12月亏损情况存在显著的差异。亏损面上，12个省、区、市中，新疆的亏损面仍然是最高，但相比2013年的36.2%下降到28.7%，亏损面情况较好的省份是重庆、四川和西藏，分别为5.87%、6.2%和7.69%，均低于全国消费品工业平均亏损面程度。在亏损深度方面，内蒙古、重庆、四川、西藏、陕西均的情况均比全国平均情况好，但宁夏、新疆的亏损深度仍然是西部排名最后两位，分别为39.57%和35.02%。

表 11-5　2014 年 1—12 月西部 12 个省、区、市消费品工业亏损面与亏损强度

	亏损面		亏损深度	
	2013年	2014年	2013年	2014年
全国	9.7%	9.7%	4.4%	4.8%
内蒙古	11.0%	11.6%	2.5%	2.6%
广西	13.7%	16.5%	10.9%	17.8%
重庆	5.4%	5.9%	2.2%	3.4%
四川	5.7%	6.2%	2.4%	2.3%
贵州	10.7%	10.8%	1.8%	2.0%
云南	18.6%	20.4%	3.8%	10.2%
西藏	19.0%	7.7%	0.8%	1.7%
陕西	10.8%	10.6%	3.4%	2.3%
甘肃	22.8%	19.8%	9.5%	8.7%
青海	12.9%	13.7%	21.1%	16.9%
宁夏	15.8%	14.9%	66.4%	39.6%
新疆	25.9%	28.4%	26.6%	35.0%

数据来源：国家统计局，2015 年 1 月。

就行业看，2014 年不同子行业也存在明显差异。在亏损面方面，相比 2013 年，化学纤维制造业仍然是亏损最严重的行业，相比 2013 年又增加了 3.63 个百分点，达到了 36.96%，同时亏损深度达到 10.31。食品制造业、印刷和记录媒介复制业以及文教、工美、体育和娱乐用品制造业是亏损面好于 2013 年的三个子行业，亏损面指标均在 5% 以下。亏损深度方面，15 个行业中造纸和纸制品业最高，达到了 57.44%，相比 2013 年增加了 17.06%。其他子行业的亏损深度均低于 15%，其中烟草制造业与文教、工美、体育和娱乐用品制造业的情况表现最佳，亏损深度不足 1%，分别为 0.01% 和 0.69%。

表 11-6　2014 年 1—12 月西部地区消费品工业各行业的亏损情况

行业	亏损面		亏损强度	
	2013年	2014年	2013年	2014年
农副食品加工业	11.5%	13.0%	6.9%	13.2%
食品制造业	11.1%	10.9%	6.1%	7.5%
酒、饮料和精制茶制造业	9.7%	10.3%	2.7%	2.4%

（续表）

行业	亏损面		亏损强度	
	2013年	2014年	2013年	2014年
烟草制品业	7.7%	10.0%	0.0%	0.0%
纺织业	15.4%	15.6%	7.5%	6.9%
纺织服装、服饰业	7.8%	8.9%	2.2%	2.3%
皮革、毛皮、羽毛及其制品和制鞋业	9.0%	10.4%	1.8%	1.4%
木材加工和木、竹、藤、棕、草制品业	9.9%	10.6%	4.4%	5.3%
家具制造业	3.9%	4.8%	1.2%	0.7%
造纸和纸制品业	13.3%	16.4%	40.4%	57.4%
印刷和记录媒介复制业	9.4%	8.2%	3.6%	2.2%
文教、工美、体育和娱乐用品制造业	6.2%	3.7%	0.9%	0.6%
医药制造业	10.6%	11.3%	3.3%	3.6%
化学纤维制造业	33.3%	37.0%	7.3%	10.3%
橡胶和塑料制品业	11.6%	13.1%	6.7%	9.0%

数据来源：国家统计局，2015年1月。

第二节　主要行业发展情况：纺织

西部地区是我国棉花、羊毛（绒）、蚕丝等重要纺织工业原料的主产地。近年来，在国家政策的大力促进下，西部地区的原料优势与相对充裕的劳动力结合起来，纺织工业得到了快速发展，在全国纺织版图中的地位显著提升。

一、生产情况

（一）主要产品产量增速反弹

2014年，西部地区纺织工业生产继续增速回升，主要产量增速在全国仍处于领先水平。1—12月，西部地区累计纱、布、服装产量分别为3898.86万吨、703.68亿米、299.21亿件，同比增速分别为17.15%、7.77%、25.5%，分别高于全国同类产品产量同期增速水平的 9.17%、4.8%、15.1%。

（二）在全国的产量地位有所提升

西部地区纱、布、服装产量占全国同类产品产量比分别为 5.92%、4.45%、2.22%。与 2013 年同期相比，三个子行业的产量占全国比重均略有提升，分别提升了 0.46 个、0.2 个和 0.27 个百分点。

表 11-7　2014 年 1—12 月西部地区主要纺织品产量

产品	累计产量	同比增速	占全国比重	与同期占全国比重变化
纱（万吨）	3898.9	17.1%	5.9%	0.5%
布（亿米）	703.7	7.8%	4.4%	0.2%
服装（亿件）	299.2	25.5%	2.2%	0.3%

数据来源：国家统计局，2015 年 1 月。

（三）不同地区的产量变化存在一定的差异

从整体上看，西部地区主要纺织品的产量增速仍保持着温和的增长，相比 2013 年在纱、布和服装三个主要纺织产品产量增速上呈现出有快有慢的局面。在纱的生产方面，贵州的同比增速领跑西部各省份，达到了 60.2%，而内蒙古的纱产量降幅明显，相比 2013 年下降了 68.3%。在布的生产方面，贵州的产量仍然是全国增长最快的省份，同比增速达到了 113.3%。在服装领域，贵州、青海是产量同比增速最快的省份，分别达到了 202.7% 和 134.9%。

表 11-8　2014 年 1—12 月西部地区主要纺织品产量增速与 2013 年同期的比较

地区	2014年同比增速			2013年同比增速		
	纱（吨）	布（万米）	服装（万件）	纱（吨）	布（万米）	服装（万件）
全国	7.2%	4.6%	1.3%	5.6%	−0.5%	1.6%
内蒙古	−68.3%	—	−5.0%	23.1%	—	−1.6%
广西	−54.9%	−33.2%	51.6%	−10.0%	−60.7%	14.8%
重庆	8.1%	4.2%	7.6%	6.5%	5.5%	−4.2%
四川	9.8%	20.2%	−7.9%	19.5%	8.6%	10.0%
贵州	60.2%	113.3%	202.7%	113.4%	—	82.2%
云南	−7.7%	−28.9%	24.8%	−26.0%	−47.7%	37.9%
陕西	—	—	—	—	—	—

（续表）

地区	2014年同比增速			2013年同比增速		
	纱（吨）	布（万米）	服装（万件）	纱（吨）	布（万米）	服装（万件）
甘肃	21.2%	−9.9%	−3.6%	13.5%	0.5%	−3.2%
青海	23.5%	—	134.9%	37.6%	—	63.1%
宁夏	−25.7%	—	−0.9%	11.5%	—	11.2%
新疆	—	—	28.6%	344.4%	—	32.6%

注："—"表示无数据。

数据来源：国家统计局，2015年1月。

二、出口情况

（一）出口增速明显下滑

2014年1—12月，西部地区纺织工业的受到国际市场不景气的严重影响，累计实现出口交货值152.4亿元，同比增长0.97%。从全国层面看，西部地区纺织工业出口交货值占比为4.0%，较2013年同期基本持平。

（二）不同地区存在显著差异

2014年1—12月，在除西藏外的11个地区中仅有内蒙古、四川、甘肃和青海等地的纺织工业的出口交货值同比增速为负，其他均为正数。其中，宁夏的纺织行业出口交货值同比增速最高，达到了55.8%。与2013年同期的同比增速相比，在除西藏外的11个地区中重庆、贵州和陕西的纺织工业出口交货值同比增速略微回升，其中重庆的回升幅度最大，但也不足20个百分点。在出口交货值同比增速出现回落的地区中，青海的降幅最为明显，达到了−762.2%。

表11-9 2014年1—12月西部地区各省、区、市纺织工业出口交货值增速及其变化

全国	2014年出口交货值同比增速	2013年出口交货值同比增速
	1.0%	7.3%
内蒙古	−37.7%	−27.8%
广西	36.7%	38.0%
重庆	24.4%	9.1%
四川	−5.2%	10.8%
贵州	0.0%	0.0%

（续表）

全国	2014年出口交货值同比增速	2013年出口交货值同比增速
	1.0%	7.3%
云南	7.8%	41.1%
西藏	—	—
陕西	−9.4%	−11.9%
甘肃	−18.6%	−11.5%
青海	−81.2%	681.1%
宁夏	55.8%	63.2%
新疆	33.6%	47.8%

注：“—”表示无数据。
数据来源：国家统计局，2015 年 1 月。

三、效益情况

（一）主营业务收入增速反弹

2014 年 1—12 月，西部地区纺织工业累计实现主营业务收入 38091.3 亿元，同比增速达到 7.0%。从全国层面看，2013 年西部地区纺织工业累计主营业务收入占比已经达到 6.1%，在全国的地位与上年保持基本持平。从各地区的情况看，青海和西藏的纺织行业主营业务收入同比增长最快，分别达到了 59% 和 45.4%。另外只有新疆略微出现负增长，但不足 1%。

相比去年，西部地区的纺织工业发展同比增速普遍有所放缓。只有西藏、甘肃、青海和新疆四个省区的同比增速高于上年。值得一提的是，西部地区的增速下滑情况并不严重，只有贵州、四川 2 省的同比增速下滑幅度超过全国平均水平。

表 11-10　2014 年 1—12 月西部地区各省、区、市纺织工业主营业务收入、同比增速

地区	主营业务收入（亿元）	同比增速	与上年同比增速差	占全国比重
全国	38091.3	7.0%	−5.5%	—
内蒙古	415.7	6.6%	−4.3%	1.1%
广西	216.7	11.3%	−4.4%	0.6%
重庆	195.7	5.4%	−5.3%	0.5%
四川	882.4	7.7%	−7.6%	2.4%

（续表）

地区	主营业务收入（亿元）	同比增速	与上年同比增速差	占全国比重
贵州	9.2	21.1%	−84.2%	0.0%
云南	21.6	1.5%	−2.2%	0.1%
西藏	0.9	45.4%	79.6%	0.0%
陕西	207.5	16.0%	−4.0%	0.6%
甘肃	28.1	35.8%	39.3%	0.1%
青海	35.5	59.0%	51.7%	0.1%
宁夏	206.0	32.8%	−0.2%	0.6%
新疆	130.9	−0.4%	8.9%	0.4%
合计	2350.3	0.1%	0.0%	6.1%

注："—"表示无数据。

数据来源：国家统计局，2015年1月。

（二）亏损情况得到缓解

尽快西部地区收入增长较快，但受到全国纺织工业普遍下滑的影响，2014年以来西部地区纺织工业的亏损情况基本与2013年持平。

就亏损面看，2014年西部地区纺织工业的整体亏损面为15.6%，虽高于全国平均水平的10.9%，但与2013年同期的15.4%相比下降了0.2个百分点，降幅高于全国平均水平0.1个百分点。12个地区中，内蒙古、贵州、云南、青海和新疆的亏损面较2013年同期水平相比有所下降，以青海为例，亏损面相比2013年降低了28.%。相比之下，广西的亏损面在西部省份中排名最后，降幅已经达到了13.4%。

表11-11　2014年1—12月西部地区各省、区、市纺织工业亏损面及其变化

地区	亏损面		亏损面差	亏损深度		亏损深度差
	2013	2014	2014—2013	2013	2014	2014—2013
全国	10.6%	10.9%	0.3%	5.0%	5.0%	0.0%
内蒙古	15.0%	10.3%	−4.6%	1.6%	1.2%	−0.4%
广西	23.5%	37.0%	13.4%	16.2%	30.8%	14.6%
重庆	7.7%	2.6%	−5.1%	5.7%	1.3%	−4.4%
四川	6.5%	6.9%	0.4%	3.3%	2.7%	−0.6%
贵州	41.2%	37.5%	−3.7%	−311.6%	41.2%	352.8%

（续表）

地区	亏损面		亏损面差	亏损深度		亏损深度差
	2013	2014	2014—2013	2013	2014	2014—2013
云南	23.8%	20.8%	–3.0%	54.5%	185.3%	130.8%
西藏	—	—	—	—	—	—
陕西	22.8%	20.2%	–2.7%	9.8%	10.4%	0.7%
甘肃	17.4%	17.4%	0.0%	320.9%	360.9%	40.0%
青海	28.6%	0.0%	–28.6%	11.1%	0.0%	–11.1%
宁夏	6.5%	8.3%	1.9%	0.2%	0.4%	0.3%
新疆	44.7%	41.0%	–3.7%	1488.4%	68.8%	–1419.6%
合计	15.4%	15.6%	0.2%	7.5%	6.9%	–0.7%

注："—"表示无数据。

数据来源：国家统计局，2015 年 1 月。

就亏损深度看，1—12 月西部地区纺织工业整体水平为 6.9%，低于全国平均水平 1.9 个百分点。其中，甘肃的亏损深度也较高，远高于西部和全国平均水平，达到 185.3%，另外青海、宁夏、内蒙古、重庆、四川的深度也均低于 10%；与 2013 年同期相比，西部地区整体亏损深度基本持平，略好于 2013 年 7.5% 的情况。12 个省、区、市中有 4 个地区的亏损深度下降。在亏损深度下降的 4 个地区中，贵州、云南表现最为明显，分别达到 352.8% 和 130.8%。内蒙古、重庆、青海 4 个地区的亏损深度有所好转，尤其是新疆的亏损深度提高了 1419.6%，另外，四川、陕西和宁夏的亏损情况基本与 2013 年相当。

四、主要经验

（一）发挥资源综合优势

从纺织业发展所需要的生产要素方面来看，西部地区在纺织原料资源方面的优势十分显著。此外，劳动力成本、水电等基础设施的成本优势也十分明显，近几年来，纺织产业快速发展的基础更为坚实。近年来，西部地区和周边国家的贸易活动逐渐升温，而且在当前和一个时期内，在"一带一路"战略的推动下，西部地区与周边国家开展双边贸易的地缘优势将更为显现。依托我国纺织工业发展的传统优势，借助双边贸易开放程度的不断提高，西部地区已经成为我国纺织品向中亚地区出口的重要桥头堡。

（二）借助产业转移良机

自从 2010 年 8 月国务院出台《关于中西部地区承接产业转移的指导意见》以来，西部地区借助资源优势，积极做好准备，迎接东部地区产业转移大潮。据了解，"十二五"期间，新疆阿克苏地区大力推进棉纺织业的发展，通过打造轻纺城，阿克苏轻纺工业园已成为南疆轻纺基地。四川彭州作为家纺服装之都，有利于开拓西南市场，辐射西北及周边国家。重庆高新纺织工业园投资近百亿元，建成集科技、制造、储运、商贸为一体的西部最大的高新纺织基地。

第三节　重点地区发展情况：四川

一、生产情况

（一）主要消费品产量高速增长

四川是西部地区经济较为发达省份，主要消费品产量仍然保持了较好的增长势头。与 2013 年同期相比，四川省的主要消费品中有大米、家具、服装、化学药品原药和中成药等 8 种消费品的产量保持了两位数的增速，尤其是化学药品原药的增速最快，相比 2013 年增长达到 62.7%，远远高于全国 5.1% 的平均水平。但是，纸浆、成品糖与方便面产量出现负增长，其中方便面的产量下降最为显著，达到了 –56.9%。

表 11–12　2014 年 1—12 月四川重点消费品产量及其变化

主要消费品	累计产量		2014年四川省各行业同比增长	2014年全国各行业同比增速
	2013	2014		
液体乳（万吨）	81.9	95.1	8.6%	–0.9%
纸浆（万吨）	30.6	28.6	–2.3%	1.5%
大米（万吨）	531.8	615.6	18.9%	7.4%
精制食用植物油（万吨）	134.7	142.3	2.6%	6.7%
纸制品（万吨）	224.5	291.1	9.2%	9.0%
成品糖（万吨）	1.8	1.3	–14.6%	4.2%
方便面（万吨）	67.4	29.3	–56.9%	–1.6%
乳制品（万吨）	94.9	102.7	8.4%	–1.2%
冷冻饮品（万吨）	22.0	23.3	3.3%	–0.7%

（续表）

主要消费品	累计产量		2014年四川省各行业同比增长	2014年全国各行业同比增速
	2013	2014		
精制茶（万吨）	10.8	11.0	0.8%	3.4%
家具（万件）	1418.7	1693.0	17.8%	3.1%
服装（亿件）	1.4	1.9	10.0%	1.6%
化学药品原药（万吨）	7.8	19.7	62.7%	5.1%
中成药（万吨）	42.1	51.7	20.5%	2.1%

数据来源：国家统计局，2015 年 1 月。

（二）主要产品全国产量地位有所提升

2014 年，四川省主要消费品在全国同类产品中的地位有升有降。其中，纸浆、方便面、冷冻饮品、精制茶的产量占全国比出现了下降，方便面的产量占比下降最快，达到了 –3.7%。其他 7 种产品产量占全国同类产品产量比均出现了不同程度的上升，其中化学原药产量占比提升幅度最为明显，增幅达到 3.7 个百分点，达到了 3.7%。值得一提的是，作为中成药生产大省，四川的中成药产量占全国比重进一步提升，相比 2013 年又增加了 0.5 个百分比。

表 11-13　2014 年 1—12 月四川重点消费品产量占全国比重及其变化

主要消费品	2014年占全国总产量比重	2014年与2013年占全国总产量比重之差
液体乳（万吨）	4.0%	0.5%
纸浆（原生浆及废纸浆）（万吨）	1.7%	–0.1%
大米（万吨）	4.7%	0.2%
精制食用植物油（万吨）	2.2%	0.0%
纸制品（万吨）	4.4%	0.2%
成品糖（万吨）	0.1%	0.0%
方便面（万吨）	2.9%	–3.7%
乳制品（万吨）	3.9%	0.4%
冷冻饮品（万吨）	7.5%	–0.2%
精制茶（万吨）	4.5%	–0.4%
家具（万件）	2.2%	0.0%
服装（亿件）	0.6%	0.1%
化学药品原药（万吨）	6.5%	3.7%
中成药（万吨）	14.1%	0.5%

数据来源：国家统计局，2015 年 1 月。

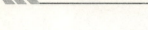

二、出口情况

（一）出口交货值增速回落

2014 年，四川省消费品行业的外贸情况并未出现明显的好转，累计实现出口交货值 225.9 亿元，同比增长达到 7%。这一增速高于全国平均水平的 6.7%，但较 2013 年同期的增速相比，还是出现了明显的下降。

（二）不同行业表现差别很大

15 个消费品子行业中，只有纺织业出现负增长，由于全国纺织业的出口大环境压力很大，四川省的表现更为差强人意，出现了 –5.2% 的负增长。家具制造业、造纸纸制品业的出口增速最快，均超过了 100%，分别达到了 110.4% 和 168.6%，值得注意的是家具制造业虽然仍然保持着高速增长，但相比 2013 年的同比增速已有明显的下滑。

表 11–14　2014 年 1—12 月四川主要消费品行业出口交货值、增速及其变化

行业	出口交货值（亿元）	出口交货值同比增速	与上年相比同比增速差	全国平均水平
农副食品加工业	13.4	25.7%	21.8%	4.4%
食品制造业	23.7	0.7%	–1.0%	4.5%
酒、饮料和精制茶制造业	23.0	10.7%	0.2%	5.0%
烟草制品业	0.0	42.3%	96.3%	2.8%
纺织业	36.1	–5.2%	–16.0%	1.0%
纺织服装、服饰业	10.3	8.9%	8.6%	3.0%
皮革、毛皮、羽毛及其制品和制鞋业	54.1	3.3%	–33.9%	5.7%
木材加工和木、竹、藤、棕、草制品业	2.5	37.6%	15.2%	8.6%
家具制造业	0.3	110.4%	–986.7%	4.9%
造纸和纸制品业	8.3	168.6%	137.8%	4.0%
印刷和记录媒介复制业	2.4	59.1%	–555.8%	8.2%
文教、工美、体育和娱乐用品制造业	11.8	16.8%	11.6%	18.6%
医药制造业	14.1	7.2%	29.8%	5.6%
化学纤维制造业	16.7	4.4%	–6.6%	3.1%
橡胶和塑料制品业	9.1	7.4%	–35.5%	3.8%

数据来源：国家统计局，2015 年 1 月。

三、效益情况

（一）主营业务收入增长较快

2014 年，四川省消费品工业累计主营业务收入同比增速为 8.1%，与全国的消费品工业 8.4% 的基本持平，但较 2013 年同期的同比增速相比有明显回落。主要行业中，酒、饮料和精制茶制造业、皮革、木材加工、造纸等行业的同比增速回落最为明显，尤其是皮革制造行业的主营业务收入出现了负增长。

表 11-15　2014 年 1—12 月份四川省消费品各子行业主营业务收入、增速及全国平均情况

行业	主营业务收入（亿元）	2014年平均增速	全国平均增速
农副食品加工业	2747.6	10.9%	7.0%
食品制造业	861.9	12.5%	12.3%
酒、饮料和精制茶制造业	2463.3	9.4%	7.0%
烟草制品业	265.1	7.1%	7.4%
纺织业	882.4	8.9%	7.0%
纺织服装、服饰业	200.6	10.5%	8.0%
皮革、毛皮、羽毛及其制品和制鞋业	256.0	−5.5%	9.2%
木材加工和木、竹、藤、棕、草制品业	340.9	15.7%	10.9%
家具制造业	444.4	20.5%	10.9%
造纸和纸制品业	493.4	9.4%	6.4%
印刷和记录媒介复制业	269.5	8.6%	9.5%
文教、工美、体育和娱乐用品制造业	101.6	12.2%	12.4%
医药制造业	1097.8	13.4%	12.9%
化学纤维制造业	200.2	9.5%	3.5%
橡胶和塑料制品业	858.1	14.6%	8.0%

数据来源：国家统计局，2015 年 1 月。

（二）亏损有所缓解

就亏损面看，2014 年四川省消费品工业整体水平达到了 6.2%，低于全国消费品工业平均水平的 9.7%。各行业中化学纤维制造业的亏损面最高，达到 26.1%，相比 2013 年又下降了近 8 个百分点。另外，木材加工业、橡胶塑料制品

制造两个行业的亏损面有所好转，但亏损面率降幅不足1%。

2014年，四川消费品工业的整体亏损深度不高，仅有2.3%，低于同期全国平均水平的4.8%。各行业中，烟草制造业、家具制造业以及文教工美体育和娱乐用品制造业的亏损深度最低，均不足1%。与此相比，造纸纸制品业、化学纤维制造业以及木材加工业的亏损要更为严重，亏损深度分别为11.3%、5.9%和5.8%。

表11-16　2014年1—12月份四川省消费品各子行业亏损面及亏损深度

行业	亏损面		亏损深度	
	2013	2014	2013	2014
农副食品加工业	5.2%	5.1%	1.8%	1.9%
食品制造业	5.0%	5.4%	1.5%	2.2%
酒、饮料和精制茶制造业	4.5%	5.3%	1.8%	2.0%
烟草制品业	—	—	0.1%	0.1%
纺织业	6.5%	6.9%	3.3%	2.7%
纺织服装、服饰业	3.7%	5.4%	2.1%	3.8%
皮革、毛皮、羽毛及其制品和制鞋业	7.8%	10.8%	1.2%	1.3%
木材加工和木、竹、藤、棕、草制品业	7.2%	6.2%	2.2%	5.8%
家具制造业	1.6%	2.4%	0.2%	0.5%
造纸和纸制品业	7.9%	10.8%	9.7%	11.3%
印刷和记录媒介复制业	4.8%	5.9%	2.3%	1.3%
文教、工美、体育和娱乐用品制造业	2.9%	4.4%	0.3%	0.5%
医药制造业	6.6%	7.5%	3.6%	1.9%
化学纤维制造业	18.2%	26.1%	0.8%	5.9%
橡胶和塑料制品业	7.1%	6.1%	4.3%	1.8%

数据来源：国家统计局，2015年1月。

四、主要经验

（一）培育优势特色产业，加快建设现代产业体系。

近年来，四川省充分依托丰富的农产品资源和产业基础，调整优化产业结构，大力发展具有四川特色和市场适销的特色产业，着力优化产业结构。通过培育壮大，逐步形成了白酒、卷烟、肉制品、茶叶、制盐、造纸、制鞋、现代中药、棉纺织、工装面料等产业链基本贯通、门类比较齐全、装备相对先进的产业体系。

（二）大力实施技术进步，逐步化解结构性过剩产能。

四川省在工业发展资金中设立专门的农产品加工专项资金、工艺美术专项资金、酒业发展专项资金，此外还利用技术改造、技术创新、企业培育、淘汰落后等方面专项补助资金引导消费品企业加大投入调整结构、创新模式、转型发展。2014年，全省消费品工业完成工业投资1886.8亿元，占全部工业投资的26.3%；其中技改投资1457.7亿元，占全部工业技改投资的28.9%，有效地促进了全省消费品工业优化升级。在化解过剩产业和淘汰落后产能中，四川省根据不同产业现状，进行关停、改造、转型等分类指导，"十二五"以来，淘汰造纸191.65万吨、酒精4.89万千升、印染2.5亿米、化纤9.6万吨、制革104.3万标张等，有效化解了结构性过剩产能，增强了产品的市场竞争力。

（三）注重规划和政策引领，推动产业科学健康发展。

2014年，为精准施策稳定工业经济增长，四川省先后制定出台了"开门红"8条措施、稳增长16条措施和支持中小微企业加快发展的22条政策，有效地促进了全省工业的平稳发展。同时，印发了《四川省加快医药产业创新发展的实施意见》，并且正在编制《四川省高端医疗诊疗设备产业发展路线图》、《四川省川茶加工业转型升级工作方案》和《关于促进四川白酒产业转型升级发展的指导意见》。这些规划和政策的制定与实施，为四川省消费品产业科学健康发展打下了坚实基础。

（四）全力推进产业集聚，主动承接产业有序转移。

根据各地资源特色、产业基础、市场条件和环境容量，坚持"一园一主业"布局原则，突出龙头企业发展和优势园区培育，重点规划建设了30余个轻工、纺织、医药、农产品加工和酒类加工为特色的产业园区，支持建立完善公共服务平台，在消费品类工业园区中已培育了2个国家级、5个省级新型工业化产业示范基地。为了配合成都的产业结构优化和转型升级需要，四川省主动推动制鞋、家具、印染等产业向省内其他地区有序转移。通过推动产业集聚发展，有效带动了全省工业化、农业产业化和城镇化"三化联动"以及城镇化与工业化的"两化互动"发展。

（五）着力培育大企业大集团，促进大中小企业协调发展。

一方面四川省大力实施大企业大集团倍增计划，开展"直通车"服务，推进优势资源向大企业大集团集中，促进资源就地转化和精深加工。2014年，四川重点培育的 100 户大企业大集团名单中有消费品类企业 21 户，培育形成了五粮液集团、长虹集团、新希望集团、宜宾丝丽雅、科伦药业等一批全国知名消费品企业。另一方面，大力推动创业带动就业，促进中小企业向"专精特新"发展，实施中小企业"小巨人"培育计划、万家小微企业惠企服务行动和"银河培训工程"，开展"扶助小微企业专项行动"，培育了消费品类国家级中小企业公共服务示范平台 5 家、省级小企业创业示范基地 12 个。

第十二章　东北三省

东北三省作为我国传统的重工业基地,消费品工业长期处于弱势的边缘地位。近年来,随着区域产业转型升级加速和国家产业转移政策的推进,东北地区消费品工业稳步发展,整体保持了平稳向好的发展势头,但受国内经济下行压力加大和国际市场疲软等因素的影响,东北地区消费品工业发展受到一定冲击。

第一节　东北三省消费品工业发展情况

一、生产情况

(一)主要消费品产量继续保持增长态势

2014 年,东北三省主要消费品产量继续保持增长态势。除液态乳、食用植物油、方便面、乳制品、酒精、饮料酒和中成药外,其他消费品产品都继续保持稳步增长态势。虽然各消费品产量依然保持增长,但增速差异明显,罐头、酱油、布和家具增速分别 52.2%、162.6%、65.9% 和 48.2%,而方便面和中成药则同比分别下降 10.2% 和 26.3%。

(二)部分消费品在全国占据重要位置

依靠丰富的农产品资源,东北三省已成为我国部分消费品的重要生产区,尤其是食品和林产品。2014 年,大米、鲜、冷藏肉、冷冻饮品、酒精和复合木地板产量在全国的比例分别为 24.9%、17.8%、20.9%、29.1% 和 20.5%。与 2013 年相比,除中成药全国占比下降了 7.8%,其余消费品全国占比各有增减,但幅度不大。

表 12-1　2014 年东北地区主要消费品生产情况

	单位	产量	同比增速	占全国比重	同期比重变化
小麦粉	万吨	120.4	3.8%	0.9%	−0.03%
液态乳	万吨	241.4	−7.5%	10.1%	−1.1%
大米	万吨	3252.1	0.2%	24.9%	−2.7%
食用植物油	万吨	653.2	−4.4%	10.0%	−1.0%
鲜、冷藏肉	万吨	694.4	34.5%	17.8%	2.6%
速冻米面食品	万吨	30.0	32.2%	5.7%	1.7%
方便面	万吨	42.5	−10.2%	4.1%	−0.5%
乳制品	万吨	298.6	−8.7%	11.3%	−0.9%
罐头	万吨	65.8	52.2%	5.6%	1.5%
酱油	万吨	52.7	162.6%	5.6%	3.0%
冷冻饮品	万吨	64.4	2.6%	20.9%	−1.1%
酒精	万千升	286.8	−1.9%	29.1%	−2.9%
饮料酒	万千升	818.2	−2.8%	12.5%	−0.2%
软饮料	万吨	1617.9	6.2%	9.7%	−0.5%
卷烟	亿支	1325.4	10.1%	5.1%	0.4%
纱	万吨	22.2	1.1%	0.6%	−0.04%
布	亿米	6.7	65.9%	1.0%	0.4%
服装	亿件	9.6	6.0%	3.2%	−0.1%
人造板	万立方米	1750.9	5.2%	5.8%	−0.3%
复合木地板	万平方米	11839.7	10.6%	20.5%	−1.7%
家具	万件	3340.2	48.2%	4.3%	0.8%
化学药品原药	万吨	23.5	23.1%	7.8%	0.8%
中成药	万吨	47.2	−26.3%	12.8%	−7.8%

数据来源：国家统计局，2015 年 1 月。

二、出口情况

（一）出口交货值下降

2014 年，东北三省消费品中的 15 个行业累计出口交货值 1374.9 亿元，同比下降 3.7%，低于全国平均水平 10.4%。从 15 个子行业来看，酒、饮料和精制茶制造业、木材加工和木、竹、藤、棕、草制品业、造纸和纸制品业、印刷和记录媒介复制业、医药制造业、化学纤维业和橡胶和塑料制造业 7 个子行业同比上升，其他 8 个子行业均呈现同比下降的态势，其中酒、饮料和精制茶制造业，印刷和记录媒介复制业同比增长分别达到 44% 和 30.1%，而皮革、毛皮、羽毛及其制品和制鞋业，文教、工美、体育和娱乐用品制造业同比分别下降 29.8% 和 29.8%。与全国增速比较，酒、饮料和精制茶制造业、木材加工和木、竹、藤、棕、草制品业、造纸和纸制品业、印刷和记录媒介复制业、医药制造业、化学纤维业和橡胶和塑料制造业 7 个子行业高于全国增速，其他行业均低于全国水平，特别是酒、饮料和精制茶制造业比全国增速高 43.7%。

表 12-2　2014 年东北三省消费品工业出口交货值及其比较

行业	出口交货值（亿元）	同比增速（%）	与全国同比增速差（%）
农副食品加工业	616.6	−3.4	−6.4
食品制造业	67.3	−4.1	−8.8
酒、饮料和精制茶制造业	13.4	44	43.7
烟草制品业	0.09	−27.3	−30.1
纺织业	43.1	−12.6	−10.4
纺织服装、服饰业	251.1	−7.6	−11.2
皮革、毛皮、羽毛及其制品和制鞋业	12.1	−29.8	−35.9
木材加工和木、竹、藤、棕、草制品业	157.5	8.2	6.1
家具制造业	72.8	−16.4	−23.4
造纸和纸制品业	10.7	12.7	12.5
印刷和记录媒介复制业	5.8	30.1	9.5
文教、工美、体育和娱乐用品制造业	26.4	−29.8	−57.2
医药制造业	37.6	17.9	11.8
化学纤维制造业	2.6	17.1	12
橡胶和塑料制品业	58.1	9.4	4.5
合计	1374.9	−3.7	−10.4

数据来源：国家统计局，2015 年 1 月。

（二）出口地位略有下降

2014 年，东北三省消费品出口交货值占全国比重的 4.4%，在全国的出口地位相对较低，且出口地位略有下降，比 2013 年同期下降了 0.5%。从 15 个行业来看，农副食品加工业，木材加工和木、竹、藤、棕、草制品业全国占比分别高达 19.3% 和 18.5%，均达到相对较高的比重，但与 2013 年同期相比，除酒、饮料和精制茶制造业、木材加工和木、竹、藤、棕、草制品业、造纸和纸制品业、印刷和记录媒介复制业、医药制造业、化学纤维制造业、橡胶和塑料制品业 7 个子行业小幅上升外，其他行业均呈现不同程度的下降。

表 12-3　2014 年东北三省消费品出口交货值占全国比重

行业	占全国比（%）	占全国比同期变化（%）
农副食品加工业	19.3	−1.3
食品制造业	6.1	−0.6
酒、饮料和精制茶制造业	4.9	1.5
烟草制品业	0.2	−0.1
纺织业	1.1	−0.1
纺织服装、服饰业	4.9	−0.6
皮革、毛皮、羽毛及其制品和制鞋业	0.4	−0.2
木材加工和木、竹、藤、棕、草制品业	18.5	1.0
家具制造业	4.5	−1.3
造纸和纸制品业	1.8	0.2
印刷和记录媒介复制业	1.4	0.1
文教、工美、体育和娱乐用品制造业	0.5	−0.4
医药制造业	2.9	0.3
化学纤维制造业	0.5	0.1
橡胶和塑料制品业	1.5	0.1
合计	4.4	−0.5

数据来源：国家统计局，2015 年 1 月。

三、效益情况

（一）主营业务收入持续下滑

2014 年，东北三省消费品主营业务收入 23735.1 亿元，同比下降 2.4%。在

15 个细分行业中，除烟草制造业和医疗制造业保持 7.6% 和 9.6% 的增速外，其余 13 个行业均呈低速增长或下降，其中纺织服装、服饰业和造纸和纸制品业主营业务收入同比分别下降 15.6% 和 11.3%。与全国增速比较看，除烟草制品业和化学纤维制造业略高于全国平均水平之外，其他行业均低于全国平均增速。特别是纺织服装、服饰业和印刷和记录媒介复制业分别低于全国 23.5% 和 28.4%。

表 12-4　2014 年东北三省消费品工业主营业务收入

行业	主营业务收入（亿元）	同比增速（%）	与全国增速差（%）
农副食品加工业	10106.5	-4.0	-10.8
食品制造业	1575.9	-2.7	-14.2
酒、饮料和精制茶制造业	1259.4	-0.9	-7.9
烟草制品业	336.9	7.6	0.2
纺织业	682.3	-5.7	-11.0
纺织服装、服饰业	824.9	-15.6	-23.5
皮革、毛皮、羽毛及其制品和制鞋业	355.5	1.3	-7.4
木材加工和木、竹、藤、棕、草制品业	2046.7	1.0	-8.3
家具制造业	579.2	1.1	-10.2
造纸和纸制品业	582.4	-11.3	-11.6
印刷和记录媒介复制业	233.9	-2.9	-28.4
文教、工美、体育和娱乐用品制造业	299.4	4.8	-16.8
医药制造业	2667.3	9.6	-3.7
化学纤维制造业	111.8	1.5	2.4
橡胶和塑料制品业	2072.8	-6.2	-14.5
合计	23735.1	-2.4	-10.9

数据来源：国家统计局，2015 年 1 月。

（二）亏损情况加剧

2014 年，东北三省消费品工业亏损情况较为突出，亏损面 8.5%，亏损深度 6.9%。与 2013 年相比，东北地区消费品工业亏损面和亏损深度分别提高了 1.1% 和 1.2%。与全国平均水平相比，东北地区消费品工业亏损面比全国水平低 1.1%，亏损深度则要高出 2.1%。

就各省的亏损面看，东北三省中黑龙江省最为突出，亏损面为 11.6%，吉林省亏损面最低，仅为 5.1%，辽宁省消费品工业亏损面为 8.8%。就各省的亏损深度来看，三省中黑龙江省最为明显，亏损深度为 8.6%，辽宁省亏损深度最低，仅为 6.3%。

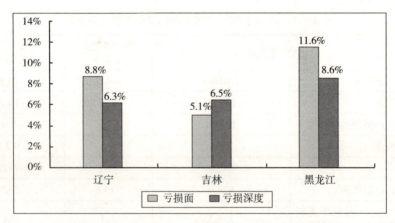

图12-1　2014年东北三省消费品工业亏损面和亏损深度

数据来源：国家统计局，2015 年 1 月。

从行业的亏损情况来看，亏损面前五名的行业为化学纤维制造业、印刷和记录媒介复制业、造纸和纸制品业、纺织服装、服饰业和纺织业，亏损面分别为 15.4%、12.2%、11.9%、11.3% 和 10.2%。亏损深度前五名的行业为化学纤维制造业、造纸和纸制品业、橡胶和塑料制品业、食品制造业以及酒、饮料和精制茶制造业，亏损深度分别达到 13107.9%、21.4%、13.6%、13.3%、12.9%。

表 12-5　2014 年东北三省消费品行业亏损情况

	亏损面 （%）	亏损深度 （%）	同期亏损面相比 （%）	同期亏损深度相比 （%）
农副食品加工业	7.7	6.2	1.7	1.5
食品制造业	9.6	13.3	2.4	3.3
酒、饮料和精制茶制造业	8.9	12.9	−0.3	−0.2
烟草制品业	7.1	0.0	7.1	0.0
纺织业	10.2	10.9	−0.5	2.0
纺织服装、服饰业	11.3	5.2	1.1	2.5

（续表）

	亏损面（%）	亏损深度（%）	同期亏损面相比（%）	同期亏损深度相比（%）
皮革、毛皮、羽毛及其制品和制鞋业	3.8	0.3	−1.7	−0.4
木材加工和木、竹、藤、棕、草制品业	5.0	2.5	−1.4	−0.6
家具制造业	8.9	3.1	−0.6	0.3
造纸和纸制品业	11.9	21.4	2.4	13.6
印刷和记录媒介复制业	12.2	4.7	3.5	−0.6
文教、工美、体育和娱乐用品制造业	7.9	0.8	2.3	−0.5
医药制造业	9.9	3.4	2.3	0.7
化学纤维制造业	15.4	13107.9	−15.4	13298.2
橡胶和塑料制品业	9.1	13.6	1.6	2.1
合计	8.5	6.9	1.1	1.2

数据来源：国家统计局，2015 年 1 月。

四、主要问题

（一）消费品工业整体相对处于弱势

东北地区作为我国老工业基地，矿产资源丰富，重工业基础雄厚，消费品工业长期处于边缘地位。近年来，随着东北振兴战略的实施，东北地区稳增长，调结构成效显著，2014 年，服务业增加值增速高于地区生产总值和第二产业增速，占地区生产总值的 41.8%。但整体而言，与东部地区相比东北三省消费品工业依然处于相对的从属地位，突出表现在产业规模小，对区域经济发展贡献率较低，大型知名企业数量少，名优品牌缺乏，市场竞争力不足。

（二）老工业基地转型困难，市场竞争力不强

作为以重工业为基础的传统老工业基地，在资金、技术、人才等瓶颈的制约下，东北地区产业转型升级困难重重。以医药产业为例，东北地区医药资源丰富，是我国北方中药材主产区，科研实力雄厚，拥有一批实力较强的医药创新和研发机构，并形成了哈药集团、修正药业和东北制药集团为代表的一批知名医药企业集团，但在产业转型升级过程中，产业集中度低，研发投入不足，产业链不完善，企业间同质竞争严重等问题严重制约了产业发展。

（三）环境约束下，产业转型升级压力大

当前，人们对于环境污染的关注空前高涨，在环境治理和节能减排的双重压力下，整个消费品行业都面临前所未有的转型升级压力。东北地区作为我国传统的老工业基地，环境治理压力大，产业转型升级压力也更为迫切。与东部地区相比，东北地区消费品企业普遍规模较小，技术水平相对较低。在中西部地区承接产业转移，完善产业体系，促进经济腾飞的过程中，东北地区面临着产业转型升级和环境保护的双重压力。

第二节　主要行业发展情况：食品工业

依托丰富的农业资源，雄厚的工业基础，近年来东北地区食品工业发展迅猛。2014年，食品工业主营业务收入占东北地区消费品工业主营业务收入的54.53%，出口交货值占比50.71%，食品工业已成为东北三省消费品工业的主导产业。

一、生产情况

（一）生产增长差异明显

2014年，东北地区食品产业产量波动起伏，差异较大。以常见的小麦粉、液体乳、大米、食用植物油、鲜、冷藏肉、速冻米面食品、方便面、乳制品、罐头、酱油和冷冻饮品为例，2014年分别同比增长3.8%、-7.5%、0.2%、-4.4%、34.5%、32.2%、-10.2%、-8.7%、52.2%、162.6%和2.6%。增长最快的酱油，增速达162.58%，而增长最慢的方便面，增速下降了10.23%。从各类食品产量的全国占比情况看，大米所占比重最高为24.9%，其次为冷冻饮品、鲜、冷藏肉和乳制品，全国占比依次分别为：20.9%、17.8%和11.3%。

表12-6　2014年东北地区主要食品产量

	产量（万吨）	同比增速（%）	占全国比重（%）	同期比重变化（%）
小麦粉	120.4	3.8	0.9	0.0
液态乳	241.3	-7.5	10.1	-1.1
大米	3252.1	0.2	24.9	-2.6
食用植物油	653.2	-4.4	10.0	-1.0
鲜、冷藏肉	694.4	34.5	17.8	2.6

（续表）

	产量（万吨）	同比增速（%）	占全国比重（%）	同期比重变化（%）
速冻米面食品	30.0	32.2	5.7	1.7
方便面	42.5	−10.2	4.1	−0.4
乳制品	298.6	−8.7	11.3	−0.9
罐头	65.8	52.2	5.6	1.5
酱油	52.7	162.6	5.6	3.0
冷冻饮品	64.4	2.6	20.9	−1.1

数据来源：国家统计局，2015 年 1 月。

（二）各月产量波动起伏

各类产品产量有增有减，起伏不定且差异较大。以常见的小麦粉、液体乳、大米、食用植物油、速冻米面食品和方便面为例，从各月的增长情况看，各类产品产量依然呈现较大的波动起伏。以液态乳为例，2014 年 4—12 月，各月产量同比增速分别为：−3.7%、6.5%、−15.6%、16.7%、−4.5%、8.0%、−3.9%、−7.8% 和 12.6%。

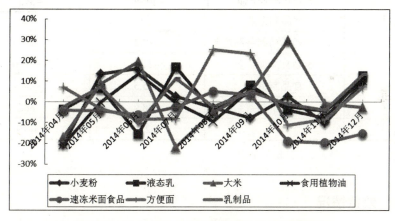

图12-2　2014年东北地区主要食品产品产量增速

数据来源：国家统计局，2015 年 1 月。

二、出口情况

（一）出口增速下降

整体来看，2014 年东北三省食品行业出口略微下降。2014 年全年，东北三

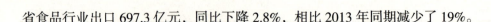

省食品行业出口 697.3 亿元，同比下降 2.8%，相比 2013 年同期减少了 19%。

（二）地区与行业表现差异明显

从地区角度看，食品行业出口差异明显，表现最好的为吉林省，2014 年吉林省食品制造业和酒、饮料和精制茶制造业同比增长分别为 12.9% 和 370.2%，而最差的黑龙江省，农副食品加工业、食品制造业和酒、饮料和精制茶制造业分别同比下降 21.6%、15.5% 和 48.9%。从行业角度看，饮料和精制茶制造业整体表现较好，辽宁、吉林和黑龙江三省饮料和精制茶制造业出口同比增长分别为 26.2%、370.2% 和 –48.9%，与 2013 年同期相比，分别增长了 32.5%、257.5% 和 38.2%。

表 12-7　2014 年东北三省食品行业出口

		出口同比增长（%）	相比2013年同期（%）
辽宁	农副食品加工业	–0.7	–14.7
	食品制造业	–4.6	–26.6
	酒、饮料和精制茶制造业	26.2	32.5
吉林	农副食品加工业	–13.0	–37.3
	食品制造业	12.9	51.2
	酒、饮料和精制茶制造业	370.2	257.5
黑龙江	农副食品加工业	–21.6	–87.6
	食品制造业	–15.5	–38.1
	酒、饮料和精制茶制造业	–48.9	38.2
合计		–2.8	–19

数据来源：国家统计局，2015 年 1 月。

三、效益情况

（一）主营业务收入下滑

受行业整体发展趋缓和区域产业结构调整等因素的影响，东北三省食品行业主营业务收入不断下滑。2014 年，东北三省食品行业主营业务收入达 12941.9 亿元，同比下降 3.6%，其中农副食品加工业 10106.5 亿元，占整个食品行业主营业务收入的 78.1%，相比 2013 年同期下降了 4%。从全国占比情况看，2014 年，东北地区食品行业主营业务收入占全国的 12.9%，相比 2013 年降低了 1.5%。从细分行业来看，农副食品加工业下降幅度最大，相比 2013 年同期下降了 1.8%。

表 12-8　2014 年东北三省食品行业主营业务收入占全国份额

	主营业务收入（亿元）	同比增速（%）	2014年占全国份额（%）	2013年占全国份额（%）	全国占比增减（%）
农副食品加工业	10106.5	-4.0	15.9	17.7	-1.8
食品制造业	1575.9	-2.7	7.8	8.9	-1.1
酒、饮料和精制茶制造业	1259.4	-1.0	7.8	8.4	-0.6
合计	12941.9	-3.6	12.9	14.5	-1.5

数据来源：国家统计局，2015 年 1 月。

（二）亏损情况加剧

2014 年，东北三省食品工业亏损面为 8.1%，较之 2013 年同期增加了 1.5%，亏损深度为 8.3%，较 2013 年增长了 1.9%。从各省情况看，吉林省食品行业亏损面最窄为 4.5%，黑龙江省亏损面最大为 12.2%。辽宁省亏损深度最小为 5.5%，而吉林省亏损深度最大为 10.7%。从各行业的情况看，各行业亏损情况与其所在区域密切相关，如吉林省农副食品加工业的亏损面和亏损深度分别为 3.4% 和 1.4%，而黑龙江省则分别为 11.4% 和 10.2%。

表 12-9　2014 年东北三省食品工业亏损情况与去年同期比较

		亏损面（%）	亏损深度（%）	亏损面相比2013年（%）	亏损深度相比2013年（%）
辽宁	农副食品加工业	7.8	6.2	1.1	2.9
	食品制造业	8.1	5.1	3.3	2.3
	酒、饮料和精制茶制造业	6.2	2.4	-0.8	-3.2
	小计	7.6	5.5	1.2	2.0
吉林	农副食品加工业	3.4	1.4	0.2	-0.9
	食品制造业	8.1	70.9	1.7	10.4
	酒、饮料和精制茶制造业	6.8	23.5	0.5	19.2
	小计	4.5	10.7	0.4	3.2
黑龙江	农副食品加工业	11.4	10.2	3.8	0.8
	食品制造业	14.2	7.3	1.1	2.0
	酒、饮料和精制茶制造业	15.4	24.5	-1.1	-25.1
	小计	12.2	10.6	2.7	-0.8

（续表）

		亏损面（％）	亏损深度（％）	亏损面相比2013年（％）	亏损深度相比2013年（％）
东北地区	农副食品加工业	7.7	6.2	1.7	1.5
	食品制造业	9.6	13.3	2.4	3.3
	酒、饮料和精制茶制造业	8.9	12.9	−0.3	−0.2
	合计	8.1	8.3	1.5	1.9

数据来源：国家统计局，2015年1月。

四、发展经验

（一）充分发挥区域资源优势

东北地区平原广袤，地质肥沃，长期以来一直是我国重要的粮食主产区，小麦、玉米等连年丰收。2013年，东北地区粮食产量再创历史新高，黑龙江、吉林、辽宁和内蒙古四地粮食总产高达2904.7亿斤，占全国粮食总产量的20%以上。依托资源优势，各地区逐步加强对食品工业的重视程度，因地制宜地将食品工业作为区域主导产业推进，强化品牌建设，鼓励兼并重组，推进产业布局调整，促进食品工业集聚快速发展。

（二）加强区域国际合作

东北三省北接外蒙古、俄罗斯，东临日本、韩国，独特的地理位置，使其区位优势明显。黑龙江省以"中蒙俄经济走廊"建设为契机，加强对俄全方位交流合作，大力推进双方在农业、林业、科技和文化领域的合作，对俄农产品和食品出口稳步增长。中韩自贸协定的签署，为东北地区与日韩的深度合作提供了良好契机。辽宁省不断加强与日韩的经贸合作，支持丹东设立开发开放试验区，支持营口建设中韩自由贸易示范区，有效地带动了包括食品产业在内的相关产业发展。

（三）不断加快结构调整步伐

东北地区是我国传统的老工业基地，在国家"重新振兴东北老工业基地"战略的指导下，各地纷纷加快产业结构调整，促进消费结构转型升级。吉林省将农产品加工业作为其区域经济发展三大支柱产业之一，实施医药健康、装备制造、建筑和旅游四大优势产业发展工程，支持"药食同源"类保健食品开发。黑龙江省安排8亿元专项资金支持绿色食品产业发展，提出加快发展优质高效农业、畜牧业和食品加工业，政策的保障有效地促进了食品工业的发展壮大。

第三节　辽宁省消费品工业发展情况

一、生产情况

（一）主要消费品产量快速增长

2014 年，辽宁省主要消费品产量保持了持续快速的增长势头。除液态乳、方便面、乳制品和饮料酒产量出现不同程度的下降外，其余主要消费品均呈现出快速增长态势，其中鲜、冷藏肉、速冻米面食品、罐头、酱油、酒精、布、家具和中成药的增速均超过了 50%，尤其是鲜、冷藏肉、速冻米面食品、酱油、酒精和中成药的增速更是超过了 100%。与全国增速相比，主要消费品增速差异明显，其中液态乳、方便面、乳制品、冷冻饮品、饮料酒、软饮料、服装和复合地板增速低于全国，而小麦粉、大米、食用植物油、鲜、冷藏肉、速冻米面食品等增速高于全国平均水平。

（二）在全国的地位略有上升

从全国层面看，辽宁省算不上我国消费品生产大省。2014 年，辽宁省主要消费品产量占全国总产量 5% 以上的产品主要有大米、鲜、冷藏肉、冷冻饮品、饮料酒、复合木地板和化学药品原药，分别占全国产量的 5.4%、9.2%、6.7%、5%、12.5% 和 7.3%，其中份额超过 10% 的仅复合木地板一项。与 2013 年相比，辽宁省主要消费品在全国的地位略有上升，除液态乳、方便面、乳制品、冷冻饮品、饮料酒、软饮料、服装和复合木地板呈现不同程度的下降外，其他主要产品地位均呈现不同幅度的上升，但整体增长幅度不大。

表 12-10　2014 年辽宁省主要消费品产量同比增速及比较

	同比增长（%）	相比全国（%）	占全国份额（%）	份额变化（%）
小麦粉	11.5	4.6	0.3	0.0
液态乳	−9.5	−12.3	3.6	−0.5
大米	12.2	1.4	5.4	0.1
食用植物油	7.6	2.6	4.0	0.1
鲜、冷藏肉	121.4	106.2	9.2	4.4

（续表）

	同比增长（%）	相比全国（%）	占全国份额（%）	份额变化（%）
速冻米面食品	138.8	146.6	3.1	1.9
方便面	−12.6	−12.1	1.9	−0.3
乳制品	−9.5	−7.8	3.3	−0.3
罐头	43.9	31.8	4.8	1.1
酱油	365.8	341.9	3.7	2.7
冷冻饮品	1.4	−6.6	6.7	−0.4
酒精	1477.2	1469.2	0.6	0.5
饮料酒	−1.2	−0.4	5.0	0.0
软饮料	4.7	−7.0	2.7	−0.2
卷烟	4.1	2.2	1.1	0.0
纱	32.5	24.6	0.3	0.1
布	77.6	74.6	0.9	0.4
服装	0.0	−10.4	2.1	−0.2
人造板	35.9	24.9	1.8	0.3
复合木地板	15.6	−3.9	12.5	−0.4
家具	64.9	45.5	3.5	1.0
化学药品原药	21.1	10.0	7.3	0.6
中成药	111.4	93.1	0.8	0.4

数据来源：国家统计局，2015年1月。

二、出口情况

受地理位置和经济发展水平等因素的影响，辽宁省是东北地区最重要的出口省份，但受经济发展进入新常态，全国消费品工业出口明显放缓等因素的影响，辽宁省主要消费品出口受到较大冲击，多个行业出口下降。2014年，除酒、饮料和精制茶制造业、造纸和纸制品业、印刷和记录媒介复制业、化学纤维制造业和橡胶和塑料制品业出口分别增长26.2%、12%、35.6%、17.1%和3.6%，其他行业均呈现不同程度的下降，其中烟草制造业、纺织业、皮革、毛皮、羽毛及其制品和制鞋业、家具制造业和文教、工美、体育和娱乐用品制造业更是分别下降了27.3%、26.6%、29.4%、23.9%和32.2%。与2013年增速相比，除酒、饮料和精制茶制造业、造纸和纸制品业、印刷和记录媒介复制业、医药制造业、化学纤维制造业和橡胶和塑料制品业，分别增长 32.5%、13.2%、30.1%、1.7%、29.8% 和 8.5% 外，其余行业均呈现不同程度的下跌。

表 12-11　2014 年辽宁省消费品行业出口增速及比较

	出口增速（%）	相比2013年同期（%）
农副食品加工业	−0.7	−14.7
食品制造业	−4.6	−26.6
酒、饮料和精制茶制造业	26.2	32.5
烟草制品业	−27.3	−123.1
纺织业	−26.6	−33.5
纺织服装、服饰业	−10.6	−25.4
皮革、毛皮、羽毛及其制品和制鞋业	−29.4	−42.2
木材加工和木、竹、藤、棕、草制品业	−7.7	−14.6
家具制造业	−23.9	−35.1
造纸和纸制品业	12.0	13.2
印刷和记录媒介复制业	35.6	30.1
文教、工美、体育和娱乐用品制造业	−32.2	−49.1
医药制造业	−10.9	1.7
化学纤维制造业	17.1	29.8
橡胶和塑料制品业	3.6	8.5

数据来源：国家统计局，2015 年 1 月。

三、效益情况

（一）主营业务收入下滑

2014 年，辽宁省消费品行业主营业务收入下滑。除烟草制品业、文教、工美、体育和娱乐用品制造业以及医药制造业主营收入小幅增长外，其他行业均呈现一定程度的下滑，其中纺织业、纺织服装、服饰业、造纸和纸制品业以及印刷和记录媒介复制业同比下降均超过 10%，分别下跌 11.4%、19.5%、17.4% 和 16%。与 2013 年同期增速相比，除化学纤维制造业高出 2.36 个百分点外，其余所有行业较 2013 年均有不同幅度的下降，其中纺织业和纺织服装、服饰业更是分别下降了 33.7% 和 42.1%。

表 12-12　2014 年辽宁省消费品行业主营业务收入增长情况及比较

	主营业务收入同比增长（%）	相比2013年同期（%）
农副食品加工业	−8.0	−19.2
食品制造业	−9.8	−23.7
酒、饮料和精制茶制造业	−6.2	−6.7
烟草制品业	4.7	−5.6
纺织业	−11.4	−33.7
纺织服装、服饰业	−19.5	−42.1
皮革、毛皮、羽毛及其制品和制鞋业	−5.2	−19.3
木材加工和木、竹、藤、棕、草制品业	−7.9	−21.0
家具制造业	−5.4	−15.2
造纸和纸制品业	−17.4	−24.0
印刷和记录媒介复制业	−16.0	−29.5
文教、工美、体育和娱乐用品制造业	2.0	−12.4
医药制造业	2.1	−10.8
化学纤维制造业	−9.2	2.4
橡胶和塑料制品业	−9.5	−24.1

数据来源：国家统计局，2015 年 1 月。

（二）亏损情况加剧

2014 年,辽宁省消费品行业亏损情况并不乐观。从亏损面来看,烟草制品业、纺织服装、服饰业、家具制造业、印刷和记录媒介复制业、文教、工美、体育和娱乐用品制造业以及医药制造业亏损面分别为 25%、12.1%、10.7%、10.1%、10.7% 和 11.7%,亏损面均超过 10%。与 2013 年相比,除化学纤维制造业亏损面下降 17.6% 外,其余行业仅仅略有缓解,部分行业亏损情况甚至进一步加剧。

从亏损深度看,纺织业、化学纤维制造业以及橡胶和塑料制品业亏损程度较大,形势较为严峻,三个产业亏损深度分别为 14.5%、97.7% 和 15.2%,其他行业亏损程度相对较轻。与 2013 年相比,除酒、饮料和精制茶制造业、皮革、毛皮、羽毛及其制品和制鞋业、文教、工美、体育和娱乐用品制造业、医药制造业和化学纤维制造业亏损程度减轻之外,其余行业亏损深度均呈现不同程度的加剧。

表 12-13　2014 年辽宁省消费品行业亏损情况及比较

	亏损面（%）	与2013年同期（%）	亏损深度（%）	与2013年同期（%）
农副食品加工业	7.8	1.1	6.2	2.9
食品制造业	8.1	3.3	5.1	2.3
酒、饮料和精制茶制造业	6.2	−0.8	2.4	−3.2
烟草制品业	25.0	25.0	0.1	0.1
纺织业	9.5	−0.3	14.5	8.8
纺织服装、服饰业	12.1	1.0	6.2	3.4
皮革、毛皮、羽毛及其制品和制鞋业	3.1	−1.8	0.4	−0.4
木材加工和木、竹、藤、棕、草制品业	6.1	−0.6	3.6	1.4
家具制造业	10.7	1.5	3.0	0.2
造纸和纸制品业	9.4	3.8	4.4	3.7
印刷和记录媒介复制业	10.1	4.6	4.6	1.0
文教、工美、体育和娱乐用品制造业	10.7	2.8	1.2	−0.6
医药制造业	11.7	3.0	4.7	−0.1
化学纤维制造业	5.9	−17.6	97.7	−174.9
橡胶和塑料制品业	9.4	1.7	15.2	1.9

数据来源：国家统计局，2015 年 1 月。

四、发展经验

（一）发挥区位优势，扩大内外开放

辽宁省经济基础好，开放程度高，消费需求旺盛，区位优势显著。国家"一路一带"、京津冀协同发展战略为辽宁省借力国家战略，发挥区位优势，扩大内外开放，促进区域经济和产业转型升级提供了重大历史机遇。2015 年，中韩自贸协定的签署，为辽宁省加强与韩国经济、文化交流，促进包括消费品在内的优势产品出口韩国市场提供了新的重大契机。

（二）坚持品牌化和集群化发展之路

为做大做强本省消费品工业，辽宁省依托自身雄厚的经济基础、强大的市场需求和东北亚地区重要出海口的优势，坚持走品牌化和集群化发展之路。积极培

育龙头企业，鼓励企业间的兼并重组和整合，加快家电、工艺美术、造纸、乐器、化纤和印染等行业的技改步伐，提升产业竞争力。同时，大力发展自主品牌服装，逐步形成了一批具有一定市场知名度的高档服装品牌。

（三）大力发展战略性新兴产业

辽宁省以产业结构调整为契机，大力发展生物制药、化学制药、现代中药、医疗器械、医用材料和生物育种等战略性新兴产业，依托区域内原有大型医药企业，逐步发展建设了沈阳、本溪和大连等生物医药基地，并建成一批具备相当市场竞争力的农产物、畜产品和海产品的育种基地。

园 区 篇

第十三章　消费品工业产业园区发展基本情况

第一节　发展现状

截至 2014 年，全国 31 个省、自治区、直辖市及新疆生产建设兵团共创建国家新型示范基地 266 家，其中消费品工业领域 47 家，分布在浙江、黑龙江、吉林、宁夏、广东、西藏等全国 21 个省区市，涵盖纺织、医药、食品、轻工等子行业。从区域布局看，东部地区在纺织、医药、轻工行业集中了相对较多的示范基地，食品行业示范基地多分布在中、西部地区。

表 13-1　消费品领域的国家新型工业化产业示范基地

子行业	示范基地名称
纺织	纺织印染　浙江绍兴县
	纺织（产业用纺织品）　浙江海宁市
	纺织（羊绒制品）　宁夏灵武市
	纺织服装　福建泉州经济开发区
	纺织（真丝产品）　浙江嵊州
	纺织　新疆库尔勒经济技术开发区
	纺织服装　江西共青城经济开发区
	纺织（家用纺织品）　江苏南通
	纺织（针织品）　浙江义乌工业园区
	纺织服装　青岛即墨

（续表）

子行业	示范基地名称
医 药	医药产业　河北石家庄高新技术产业开发区
	医药产业　吉林通化市
	生物产业　山东德州市
	生物产业　长春经济技术开发区
	生物医药　上海张江高科技园区
	医药　江苏泰州医药高新技术产业开发区
	医药　珠海高新区三灶科技工业园区
	生物医药　广东中山高技术产业开发区
	生物医药　哈尔滨利民经济技术开发区
	中药产业　江西樟树工业园区
	生物医药　云南玉溪红塔工业园区
食 品	食品产业　黑龙江哈尔滨市
	食品产业　河南汤阴县
	农产品深加工　内蒙古通辽科尔沁区
	食品　河南漯河经济开发区
	食品（国优名酒）　四川宜宾
	食品（国优名酒）　贵州仁怀
	高原绿色食品　拉萨经济技术开发区
	农产品深加工　陕西杨凌农业高新技术产业示范区
	食品（清真）　宁夏吴忠金积工业园区
	食品（乳制品）　内蒙古呼和浩特
	食品　重庆涪陵工业园区
	食品（名优白酒）　四川泸州酒业集中发展区
	食品　吉林梨树
	清真食品　长春绿园区

（续表）

子行业	示范基地名称
食品	食品 黑龙江肇东经济技术开发区
	农副产品加工 宁夏贺兰山工业园区
	食品 北京雁栖经济开发区
	食品 武汉东西湖区
家电	家电产业 安徽合肥经济技术开发区
	家电产业 浙江余姚
	家电 安徽滁州经济技术开发区
轻工	轻工（林木产品制造） 黑龙江穆棱经济开发区
	轻工（灯饰） 广东中山市古镇
	五金制品（水暖厨卫） 福建南安经济开发区
	陶瓷制品 江西景德镇
	陶瓷制品 广州潮州枫溪区

数据来源：工业和信息化部，2014年9月。

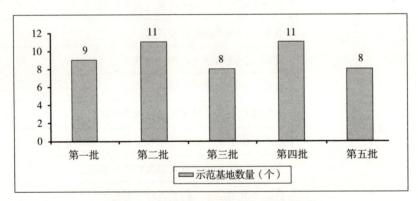

图13-1 消费品领域各批次示范基地数量

数据来源：工业和信息化部，2014年9月。

2013年，消费品工业示范基地总体保持平稳较快增长。实现工业总产值24155.3亿元，同比增长15.2%，连续三年保持15%以上增速。实现销售收入27555.5亿元，同比增长15.2%，连续三年保持较快增长态势。完成工业增加值

5691.0 亿元，同比增长 10.1%。实现税金 1247.7 亿元，同比增长 13.2%；利润总额达 2455.9 亿元，同比增长 17.8%。但受内外疲软及劳动力成本上升影响，进出口总额同比下降 16.0% 至 410 亿元；其中，出口总额 304 亿美元，同比下降 11.6%。

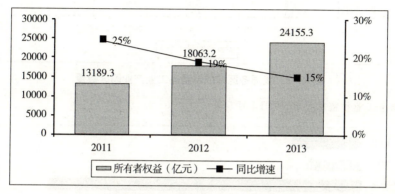

图13-2　消费品工业示范基地近三年工业总产值及其增速

数据来源：工业和信息化部，2014 年 9 月。

第二节　区域分布

消费品工业领域的示范基地共 47 家，分布在上海、浙江、黑龙江、贵州、山东等全国 21 个省、区、市，涵盖纺织、生物医药、食品、轻工等子行业。

在园区数量方面，华东地区的园区数量最多，有 14 个园区；第二是东北地区，有 9 个园区；第三是华南和西南地区，分别有 6 个园区；最后是西北、华北、华中地区，分别有 5 个、4 个、3 个园区。

从子行业分布的区域看，纺织、医药、轻工业集中类的示范基地相对较多地集中在东部地区，食品行业示范基地多分布在中、西部地区。其中，食品产业园区共 18 个，其中位于东北和西南的数量最多，分别为 5 个，华北、华中地区分别有 3 个园区，西北地区有 2 个园区；医药类园区共有 11 个，也主要分布在华东地区和东北地区，分别为 4 个、3 个，另外 4 个分布在华南、华北和西南地区；纺织类的产业园区共有 10 个，主要分布在华东地区；轻工类的产业园区共 5 个，其中华东、华南地区分别有 2 个，东北地区 1 个；家电类产业园区共 3 个，其中华东地区有 2 个，另外还有 1 个分布在西北地区。

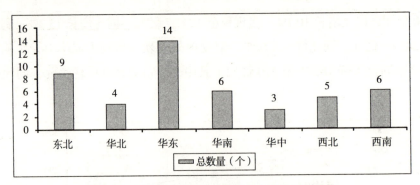

图13-3　我国各区域的消费品工业产业园区数量

数据来源：工业和信息化部，2014年9月。

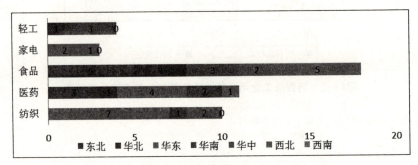

图13-4　我国消费品工业产业园区子行业分布情况

数据来源：工业和信息化部，2014年9月。

第三节　行业分布

消费品工业领域47家示范基地分布在浙江、黑龙江、吉林、宁夏、广东、西藏等全国21个省区市，涵盖纺织、医药、食品、轻工等子行业。

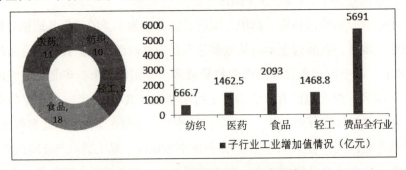

图13-5　2013年消费品工业总体发展情况

数据来源：工业和信息化部，2014年9月。

一、纺织

纺织工业示范基地涉及浙江、江苏、江西、山东、福建、宁夏、新疆等 7 省区共 10 家，从区域分布看，东部地区集中了 7 家，西部地区有 2 家，中部地区有 1 家。2013 年，面对国内外错综复杂的经济环境，纺织产业示范基地积极推动转型升级，通过技术改造努力提高产品品质和竞争力；同时，积极加快走出去步伐，充分利用两种资源、两个市场；基地主要经济指标增速虽出现了一定的放缓但总体仍保持了稳定增长。全年实现工业总产值 4464.3 亿元，同比增长 8.8%。实现工业增加值 666.7 亿元，同比增长 11.7%。

示范基地不断加大对传统纺织工艺的改造力度，通过引进国际先进设备和自主研发，全行业工艺技术装备水平和生产效率得到稳步提高，创新能力也得到显著增强。另一方面，示范基地积极鼓励和引导优势企业"走出去"，通过境外商标注册、品牌收购和推广等手段开展品牌国际化建设，培育具有较强核心竞争力的国际化纺织企业。

二、医药

医药产业示范基地涉及上海、河北、山东、江苏、广东、吉林、黑龙江、福建、云南 9 省市共 11 家。从区域分布看，东部地区有 10 家，西部地区 1 家。2013 年，在国内宏观经济增速放缓的背景下，医药工业仍继续保持了较快增长，技术创新、质量提升、国际化等均取得了突出进展。全年实现销售收入 9016.5 亿元，同比增长 15.2%。实现利润总额 980.0 亿元，同比增长 21.4%，比全国医药工业规模以上企业利润增速高 3.8 个百分点。

示范基地全力支持中医药产业发展，已形成多个产业集群，中医药研发能力得到显著增强，新药研发成效显著。另一方面，示范基地依托一流的研发团队和完善的创新体系，创新能力不断增强，新药推广也取得积极进展。有效发明专利数量达到 6144 个，创新能力进一步增强。

三、食品

食品产业示范基地分布在吉林、内蒙古、河南、四川等 12 个省区市共 18 家，从区域布局看，西部地区有 10 家，东部地区有 5 家，中部地区有 3 家。2013 年示范基地继续推进品牌建设步伐，同时加强配套产业发展，提高产业发展后劲，基地各项指标继续保持了较高增长。全年实现工业总产值 7014.6 亿元，同比增

长 16.0%；完成工业增加值 2093.0 亿元，同比增长 9.9%。

示范基地绿色食品品牌建设取得新成效。黑龙江哈尔滨市示范基地利用已引进的知名品牌的影响力积极培育地方名牌，宁夏吴忠金积工业园区示范基地积极引导和鼓励清真食品企业争创品牌，浙江义乌示范基地注重绿色食品品牌建设。另一方面示范基地大力发展配套产业，初步构建全产业链发展模式，在着力发展食品工业的同时，全力发展为之配套的相关产业，增强食品产业的发展后劲。

四、轻工

轻工产业示范基地达到 8 家，分布于黑龙江、浙江、广东、安徽、福建、江西六省。2013 年，轻工产业示范基地努力克服经济放缓带来的不利因素，大力拓展国内外消费市场，积极推进产业转型升级，利用电子商务平台拓宽企业发展空间，全年经济总体运行平稳，为消费品工业平稳运行提供了有力支撑。全年示范基地实现工业增加值 1468.8 亿元，同比增长 14.2%，比全部轻工行业工业增加值增速高 4 个百分点。

示范基地发展高端、智能产品，产品结构进一步优化。广东潮州枫溪区示范基地坚持优化产业结构，加快产品结构升级，提高产品附加值。广东中山古镇示范基地目前正研究与广东工业大学工业设计院合作以 3D 打印技术提高灯饰产品设计和工艺品质水平。另一方面，示范基地打造电子商务平台，拓展企业发展空间。福建南安经开区示范基地鼓励有条件的企业建立独立电子商务平台，积极培育知名网络零售品牌。

第四节　主要问题

自 2009 年工业和信息化部在全国组织开展国家新型工业化产业示范基地创建工作以来，至 2014 年底已有 6 批 47 家消费品工业领域的工业园区（集聚区）成为国家级示范基地。示范基地在创建过程中始终坚持按照创新发展、绿色发展、集约发展、融合发展的新型工业化要求，提升发展质量和水平，成为工业强国建设的重要载体和骨干力量，为推动工业转型升级提供了强有力的支撑。但是发展中也出现了一些新的问题：

一是政府和市场定位不明确。党的十八届三中全会明确提出要处理好政府和市场的关系，使市场在资源配置中起决定性作用和更好发挥政府作用，在产业园区建设上，应充分发挥企业的积极性，通过市场"无形的手"达到资源优化配置，弥补和延长产业链。政府应该完善公共服务平台建设，通过政策激励等方面予以大力度扶持，最终形成推动区域产业良性健康发展的状态，但部分地区产业园建设过程中，政府主导拉郎配现象突出，尤其存在项目审核不严、产业用地管理粗放，导致一些技术含量低、污染高企业在园区内落地，带来产能过剩的同时，也抑制了产业园区的创新发展。

二是管理体制有待创新。部分消费品工业园区管理体制和模式依然是在政府领导下的园区管委会负责管理，尚未建立起与市场相适应、相衔接的新机制。表现在进园区审批流程复杂，尚未形成围绕园区产（企）业发展需求的产业服务体系。部分园区投资建立了较为完善的公共服务平台、电子商务网站和信息化服务中心，但管理使用不够规范，并没有发挥好服务的作用。

三是部分产业园区规划引导不足。随着消费品工业类国家新型工业化产业示范基地建设的推进，各地对工业园建设的关注度明显提升，受利益的驱动，部分地区出现了盲目申报和虚假建立园区的现象。主要表现在建设过程中对园区的定位和规划布局缺乏统筹考虑，未能有效结合当地或者区域的产业基础和资源禀赋，缺乏从产业链的角度对现有的区域产业进行深入分析研究，导致招商和引进项目把关不严，主导产业不明确，甚至完全脱离产业链条。导致产业技术低下、资源浪费严重、有企业而无产业的同质化园区开始出现，产业集群效应差，造成投资和资源开发效益低下。

第十四章 典型消费品工业产业园区发展情况

第一节 福建泉州纺织服装产业园区

一、基本情况

纺织服装产业是福建省泉州市工业经济的第一大支柱产业，也是泉州最具竞争力和发展潜力的产业之一。泉州纺织服装产业始于石狮服装集散市场，逐步发展到晋江、南安、惠安乃至整个泉州地区，产品类别日益丰富，产品质量稳步提升，产品品牌逐渐做强，目前该产业已经逐步构建起涵盖棉纺、化纤、织造、染整、成衣加工、辅料生产、市场营销、品牌经营等多领域的较为完善的产业链，形成了产值近2000亿元（包括鞋服的运动服装）的纺织服装产业集群。

泉州纺织服装示范园区立足于泉州经济技术开发区，开发区自1996年创立以来，已经初步建成了经济快速增长、产业集聚发展、基础设施完善和管理精简高效的国家级经济技术开发区。目前，已投产企业近300家，形成纺织服装、体育用品、电子信息、机电一体化四大主导产业。2010年6月成功升格为国家级经济技术开发区，先后荣获了全国模范劳动关系和谐工业园区、国家火炬计划电子信息特色产业基地、国家新型工业化产业示范基地（轻纺产业）等称号。2013年，开发区纺织服装产业实现工业产值342亿元，占全区工业总产值的80%以上。区内内拥有以特步、九牧王、金莱克等为代表的知名企业。

二、主导产品

泉州开发区纺织服装产业以体育用品及纺织服装为发展重点，拥有比较完整的产业链，纺织服装产业和体育用品产业协调发展。具有一批轻纺产业下游龙头企业，产品涵盖成衣、运动服装、无纺布、包袋、运动鞋等。具有一批轻纺上游制造企业，产品包括新溶剂法再生竹纤维系列、纳米功能性纺织品、PP 纱、针织面料、棉纺、RB 鞋底、无纺布等。开发区周边的晋江、石狮市拥有一批织布、染整、皮革企业，为开发区轻纺产业的发展提供了良好配套。

三、骨干企业

截至 2013 年，区内纺织服装产业企业数量 273 个，销售收入排名前五位的企业依次是：

特步（中国）有限公司，创建于 1987 年，2008 年 6 月上市，2013 年销售收入 125.5 亿元，主导产品为运动鞋服；

金莱克（中国）体育用品有限公司，创建于 1991 年，2013 年销售收入 31.43 亿元，主导产品为运动鞋服；

福建宏远集团有限公司，创建于 2000 年，2013 年销售收入 29.66 亿元，主导产品为纺织化纤；

九牧王（中国）有限公司，创建于 1989 年，2013 年销售收入 19.44 亿元，主导产品为服装；

华珠（泉州）鞋业有限公司，创建于 1997 年，2013 年销售收入 14.7 亿元，主导产品为运动鞋服。

四、存在问题

1. 产业内部发展不均衡。泉州服装纺织行业的发展并不均衡，除化纤、棉纺、服装业等发展较为迅速外，家纺用纺织品、产业用纺织品的发展差强人意，例如棉纺纱线、短纤维以及化纤长丝比重较大，面料织造后加工水平不高。

2. 产品结构水平仍较低。服装产品方面，中低档服装加工所占比重较高，约为 65%，品牌服装、女装所占比重较低；面料产品方面，棉纺、纱纺、梭积类，棉坯布和粗纱占据主要位置，高科技新型面料所占比重较低；化纤产品方面，常规化纤纱占据主导，占比约为 60% 以上，差别化、新型人造以及特殊功能性纤维的比重还较低。

3. 人才短缺情况明显。人才短缺一直是泉州纺织服装业发展的瓶颈，全行业尤其缺乏高级设计人才、营销策划人员、技术开发人员以及专业工艺师和打版师等人才。

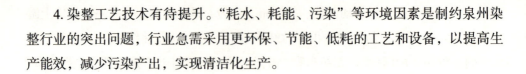

4.染整工艺技术有待提升。"耗水、耗能、污染"等环境因素是制约泉州染整行业的突出问题，行业急需采用更环保、节能、低耗的工艺和设备，以提高生产能效，减少污染产出，实现清洁化生产。

第二节　吉林长春生物产业园区

一、基本情况

吉林省是农林生物质资源大省和加工转化强省，近年来在生物化工方面取得了积极进展，具备向高端化发展的生产技术和产业基础。国家级经开区长春经济技术开发区的区中区——长春长东北生物化工产业园区（原长春玉米工业园区）成立于 2005 年 10 月，是吉林省发展改革委与经开区共建生物可降解材料及下游产品加工园区，也是吉林省内唯一的生物化工产业园区，2010 年被工业和信息化部命名为国家新型工业化（生物）产业示范基地，2012 年被商务部命名为国家外贸转型升级（氨基酸）专业型示范基地。

园区主要以玉米、中草药等资源为生产原料，重点开发氨基酸、植物化工醇、聚乳酸项目，大力发展生物化工和生物医药行业，不断完善配套产业，延长产业链条。区内拥有行业综合实力世界第三、亚洲第一、国内最大的以农产品精深加工和非转基因豆制品加工为主的长春大成集团和吉林中粮生化等企业，初步形成了生物化工产业集群。2013 年园区生物化工产业实现产值 566.3 亿元，同比增长9.8%。

二、主导产品

一是玉米加工领域。园区核心企业长春大成实业集团有限公司产品有 8 大系列、几百个品种，主导产品有玉米淀粉、变性淀粉、氨基酸、淀粉糖、化工醇等，年产淀粉糖总量 300 万吨、变性淀粉 15 万吨、赖氨酸 80 万吨，均排名中国第一，其中赖氨酸产量占全球的 60%，已经实现玉米初加工产品向精深加工和生物制造的跨越。

二是生物医药领域。区内企业长春大政药业科技有限公司、长春天诚药业、长春人民药业等企业拥有 300 多个国药准字的原料、制剂药品批准文号，包含中药片剂、硬胶囊剂、丸剂（蜜丸、水丸、浓缩丸）、颗粒剂、散剂、合剂（含口服液）、糖浆剂、酒剂、酊剂、功能型化妆品、食品、生物制剂等几百个品种。

三是生物产业其他领域。园区还引进了九三集团长春有限公司大豆蛋白项目、DSM 年产 1.5 万吨维生素复合维生素项目、大北农生物农业项目、韩国希杰集团生物添加剂、深圳金新农生物饲料等生物产业其他项目。

三、骨干企业

截至 2013 年,区内生物产业企业数量 40 个,销售收入排名前五位的企业依次是:

长春大成实业集团有限公司,创建于 1996 年,2013 年销售收入 551 亿元,主导产品为淀粉、淀粉糖、氨基酸、化工醇等;

黑龙江省金泉粮油贸易集团长春金隆豆业有限公司,创建于 2006 年,2013 年销售收入 9 亿元,主导产品为大豆油及副产品深加工等;

吉林大北农农牧科技有限责任公司,创建于 2006 年,2013 年销售收入 4.9 亿元,主导产品为生物饲料;

米高化工(长春)有限公司,创建于 2006 年,2013 年销售收入 1.6 亿元,主导产品为盐酸、钾肥;

希杰(长春)饲料有限公司,创建于 2011 年,2013 年销售收入 1.1 亿元,主导产品为生物饲料。

四、存在问题

1. 相关产品国内产能过剩和价格下滑影响。园区的生物化工产业高度集中于大成集团,而该集团主导产品淀粉、淀粉糖、赖氨酸不同程度面临产能过剩和价格下滑的影响,受过往赖氨酸市场的旺盛需求带动,国内赖氨酸产能快速扩张,截至 2012 年,国内赖氨酸产能高达 150 万吨,总供应量达 100 万吨,而国内总需求为 90 万吨,出现供大于求的局面。有数据表明,2013 年底,主要产品淀粉、赖氨酸、化工醇的单价分别同比下降 200 元/吨、7000 元/吨、8000 元/吨。

2. 产品种类相对较少。目前,国际玉米加工领域的产品种类高达 4000 多种,可广泛应用于食品、医药、纺织、造纸、饲料、化工等多种领域。而我国已开发的玉米加工产品仅有几百种。园区现仅有大成集团、中粮生化、DSM 预混合饲料添加剂、九三集团、人民制药等生物工业项目,产品仅有几百种,生物产业尚处于起步阶段。

3.技术研发仍需提速。如大成集团对化工醇下游产品进行部分研发，制造了生物质纤维、不饱和聚酯树脂等产品，但产品应用规模与石油基产品相比仍然较小，产品性能也需进一步完善。秸秆制糖、秸秆糖制乳酸、乳酸聚合和生物产业其他产品开发也处在中试和小试阶段，成本有待进一步降低。聚乳酸产品本身还有待进一步完善，改性技术有待进一步提高。

4.相关政策的影响。为维护粮食安全，从2006年起国家陆续出台相关政策控制玉米深加工行业过快增长，调控层面涉及原料收购、企业贷款、产品税率、能耗等多方面，譬如收紧玉米深加工企业的信贷资金、部分主产省限制深加工企业收购玉米、调整玉米深加工企业增值税、对淀粉、酒精企业实施环保核查等针对深加工行业的管理措施等。而在未来发展中，预计政策宏观调控仍将贯穿玉米深加工行业发展相当长时期，直至供求拐点出现。

第三节　北京雁栖食品产业园区

一、基本情况

北京雁栖经济开发区位于北京市怀柔区怀柔新城，成立于1992年，总规划面积15平方公里，2000年北京市政府批准为市级工业开发区，2012年北京市经信委批准为"市级生态工业示范园"，2013年6月，开发区被授予"北京市总部经济发展新区"称号。2014年2月，北京雁栖经济开发区入选工业和信息化部第五批"国家新型工业化示范基地（食品产业）"。作为中关村国家自主创新示范区建设的重要组成部分，北京雁栖经济开发区围绕都市健康、时尚、创意、绿色的新型消费理念，以绿色食品饮料为核心，以包装印刷为支撑，推动企业向高端化、特色化方向发展。开发区坚持以生态建设为切入点，在做大、做强、做优都市产业的同时，以科技研发产业引领园区高端创新之路，推动产业结构升级，转变经济增长方式，对食品饮料包装印刷产业集聚化、园区化、一体化发展，打造循环经济产业链，推动食品行业可持续发展的新模式，提高区域经济的竞争力，起到积极的示范意义。

截至2014年底，开发区内共入驻食品饮料生产企业137家，包括玛氏食品、朝日啤酒、红牛、红星、红螺、御食园、富亿农、康师傅、汇源、健力宝、统一、六必居、月盛斋等国内外知名食品饮料企业。作为食品饮料配套产业包装印刷产业也落户开发区,太平洋制罐、波尔(Ball)亚太制罐、奥瑞金制罐等三大制罐企业,日本中央化学的食品包装、意大利的刮拉瓶盖(Closures)、国内著名的中富包装、紫江包装等企业先后入驻。北京雁栖经济开发区内总部企业达 31 家,占开发区规模以上企业数量的 40.2%,其中,中国食品工业百强企业 7 家,包括玛氏食品(中国)有限公司、露露集团有限责任公司、红牛维他命饮料有限公司、北京汇源饮料食品集团有限公司、广东健力宝饮料有限公司、可口可乐(中国)饮料有限公司、乐百氏(广东)食品饮料有限公司,已初步形成现代制造业总部基地。目前,园区已形成了多条以"红牛饮料—奥瑞金制罐"、"爱芬食品—土耳其维珍果"、"科莱恩色母粒—刮拉瓶盖"产业链为代表的庞大都市产业集群,为园区集群化发展奠定了一定的基础,在降低了成本的同时,更提高了产业群的整体市场风险抵御能力。

2014 年 1—12 月,开发区规模以上工业企业累计实现工业总产值 242 亿元,同比增长 1%,占全区规模以上工业产值的比重为 44.2%;销售收入 313 亿元,同比增长 5%,占全区规模以上工业收入的比重为 48.6%;利润总额 29.3 亿元,同比增长 11%;税金 21.8 亿元,同比增长 4%,北京雁栖经济经济开发区已经成为拉动怀柔区经济发展的重要增长极。

二、主导产品

北京雁栖经济开发区已形成以食品饮料和包装印刷为支柱产业的都市产业集群,成为我国华北地区最大的食品饮料生产基地。在食品饮料领域,主要产品有能量食品、蜂蜜产品、保健食品、有机蔬菜加工产品、健康休闲食品等为主的绿色有机食品,以及功能性饮料、补血饮品、补钙饮品、天然滋补饮品、果汁饮品、保健酒、茶饮品、纯净水饮品等健康饮品。在包装印刷领域主要有资源消耗低、可降解回收的可降解包装物、食性包装、植物纤维缓冲包装、高强度薄壁轻量化玻璃瓶等新型新型包装产品。

目前,园区拥有一大批国内外知名品牌。其中,中国名牌产品有乐百氏、纯净水、汇源果汁、金狮酱油、龙门食醋等;北京名牌产品有红星二锅头酒、六必居酱菜和王致和系列腐乳等;中国驰名商标有红星、红螺、御食园等;中华老字号有红星、红螺、御食园;北京市著名商标有红星酒、古钟酒、御食园食品、红螺食品、富亿农板栗、禧宝路饮品、东方颐园蜂产品、天惠西洋参、北京西餐香肠等。

三、骨干企业

（一）玛氏食品（中国）有限公司

美国玛氏公司是国际著名的跨国快速消费品公司，在世界范围内生产和销售多种著名品牌的巧克力、糖果及宠物食品，是全球第一家生产专业宠物食品的企业。玛氏食品（中国）有限公司是玛氏公司在华的独资企业，1993年进入中国，1995年在怀柔投资建立了第一家宠物食品工厂。目前，玛氏旗下拥有众多国内外知名品牌，包括德芙巧克力，士力架巧克力，M&M's巧克力，彩虹果汁糖，脆香米、宝路狗粮，伟嘉猫粮等。

玛氏也是目前中国国内最大的食品公司之一，在中国的注册资本2亿2700万美元，在过去20年上缴国家税金超过20亿美元。目前，玛氏在中国共有七家工厂和三个创新中心，业务覆盖四大事业部、五大业务单位，包括箭牌口香糖及糖果、玛氏巧克力、玛氏宠物护理、皇家宠物食品和玛氏饮品。

玛氏在中国有四大事业部：箭牌口香糖和糖果、巧克力、宠物护理、饮品，共拥有7家工厂，3个研发中心，47个分公司和超过13000名员工（包括合同工）。玛氏在中国的品牌组合包括：来自箭牌的"绿箭"口香糖和薄荷糖、"益达"无糖口香糖、"5"无糖口香糖、"大大"泡泡糖、"真知棒"棒棒糖、"瑞士糖"（Sugus）软糖和"彩虹"（Skittles）糖等品牌；来自玛氏巧克力的"德芙"巧克力、"士力架"巧克力、"M&M's"巧克力、"脆香米"巧克力等；来自玛氏宠物护理的"宝路"狗粮、"伟嘉"猫粮等、"皇家宠物食品"（ROYAL CANIN）的犬粮与猫粮产品；以及来自玛氏饮品的"纷雅"热饮机、"爱特嘉TM"（ALTERRA）全烘焙咖啡、"倍悠时TM"（BRISK）新鲜 原叶茶饮和"德芙"热巧克力等。

（二）可口可乐装瓶商生产有限公司北京分公司

可口可乐公司是全世界最大的饮料公司，产品在200个国家及地区销售，每日饮用量达17亿杯，销售收入超过200多亿美元，占全世界软饮料市场的48%。自1979年以来，可口可乐公司在中国投资超过50亿美元，建立瓶装厂42家，雇佣员工4.8万人。2007年3月可口可乐装瓶商生产有限公司北京分公司入驻雁栖经济开发区，2008年6月正式投产，一期投资1.6亿元，占地20余亩，是可口可乐公司旗下果粒橙、绿茶、咖啡等系列非碳酸饮料的生产基地，年产1.8亿瓶以上。

2007年3月29日，可口可乐公司与北京中富热罐装容器有限公司正式签署合作协议，在雁栖开发区生产系列非碳酸饮料，这是可口可乐在中国北方设立的第一家非碳酸饮料生产厂。目前，可口可乐在称雄碳酸饮料市场的同时，瞄准了潜力巨大的果汁饮料市场，推出"酷儿"、"美汁源果粒橙"等果汁饮料品牌和雀巢柠檬绿茶（冰极）、即饮雀巢咖啡、活力酷儿运动饮料等3种非碳酸饮料。

（三）北京六必居食品有限公司

北京六必居2005年进入北京雁栖经济开发区，投资2200万元，占地30余亩，2006年11月26日建成投产。公司拥有8000平方米厂房和国内一流现代化生产线，以及"六必居"、"桂馨斋"、"天源"等老字号品牌。

六必居雁栖经济开发区新工厂采用全不锈钢容器替代传统大土瓷缸生产模式，酱菜生产从加工、脱盐、脱水、酱渍生产到包装储存全部实现了机械化、自动化。六必居采用速制酱菜工艺，在不影响酱菜品质的基础上，每批酱菜的生产加工周期由10天缩短到4天。此外，六必居用多酶制酱工艺取代传统的天然晒酱工艺，使产品的还原糖比较高，颜色比较浅，生产周期缩短，出品率提高。

（四）波尔亚太（北京）金属容器有限公司

波尔亚太（北京）金属容器有限公司隶属于1880年成立的美国波尔集团，公司位于北京怀柔雁栖开发区，1996年正式投产，占地7万平方米，建筑面积2.7万平方米，投资总额3000万美元。波尔亚太（北京）金属容器有限公司专业生产铝质两片易拉罐，设计能力为每分钟2000只，年生产能力7.5亿只，为目前中国单线速度最快的生产线。波尔集团全球有54个制造基地及主要办公室。目前在中国投资的制造基地共有4家企业，分别位于北京、湖北、青岛、佛山。

波尔亚太（北京）金属容器有限公司是华北地区的可口可乐、百事可乐、燕京啤酒、五星啤酒、北京啤酒等的主要供应商，其两片易拉罐实现了在中国铝罐市场拥有33%的市场占有率，处于同行业的领先地位。

四、存在问题

1.产业发展质量有待提升。北京雁栖经济开发区引进了一批具有国际竞争力的世界知名企业，带来了先进的技术和管理，但以加工制造等"工厂业态"为主的增长模式受资源和生态环境的承载力制约，导致现有的产业格局不足以支撑开

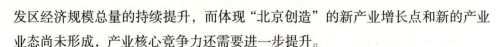

发区经济规模总量的持续提升，而体现"北京创造"的新产业增长点和新的产业业态尚未形成，产业核心竞争力还需要进一步提升。

2. 产业定位有待优化。位于北京市绿色生态屏障怀柔区的雁栖经济开发区，在发展过程中循环经济、清洁生产、生态经济发展理念在建设实践中得到积极的贯彻落实，但现有的土地利用开发机制和空间功能不足以满足未来开发区的可持续发展需要。特别是在用地资源总量日益不足情况下，以土地一级开发出让和工业用地为主的园区开发经营模式，不利于产业孵化和导入非工业生产型企业，不利于产城融合发展，不利于用地效率的提升。

3. 产业融合发展有待加强。北京雁栖经济开发区的骨干企业和大型企业仍然集中在资源型和加工型的传统产业，创新和创意产业化能力相对较弱，总部型、具有高成长潜力的、产业附加值较高的科技创新型企业相对较少，特别是行业龙头型、平台型企业缺乏，文化与科技、金融、制造业和旅游休闲等产业融合发展不足，现有的企业构成不足以支撑开发区塑造品牌化、特色化、高端化的现代产业集群。

第四节　浙江余姚家电产业园区

一、基本情况

余姚市家电产业从20世纪70年代起步，历经30余年发展，通过不断调整发展战略，实现了由家电配件到整机生产、从贴牌生产（OEM）到创建自主品牌、从国内市场到国际市场的快速发展。如今，家电产业已经成为余姚工业经济的主要支柱性产业之一，逐渐形成了产品种类丰富、配套完整、集聚效应强、出口创汇能力强的产业特点。余姚家电产业集聚区位于国内经济最活跃的长江三角洲城市群南翼，产业集聚效应明显，规模效益良好，余姚市连同毗邻的慈溪市，已经成为我国继广东顺德、山东青岛之后的家电产业基地，全球知名的特色小家电产品出口基地。

余姚家电产业示范园区是以余姚市经济开发区、余姚市工业园区为主体的家电产业集聚区块，区内家电产业产值占全市家电产业总产值的95%以上，2013年家电产业实现销售收入615亿元。余姚家电行业从早期的手工加工制造起步，稳步提升精密化生产能力，发展核心家电部件的研制能力，逐渐形成了具备家电整机生产能力的产业链条。区域内企业在长期的竞争与合作过程中专业化分工日趋细密，企业间生产协作程度逐渐增高，骨干企业的示范效应显著，核心产品竞争优势明显，众多关联企业及服务机构共生发展的态势良好。

二、主导产品

余姚家电产业产品种类繁多，拥有吸油烟机、吸尘器、空调、冰箱、洗衣机、电水杯、咖啡机、电动剃须刀等几十个细分行业、千余个品种，涵盖厨房家电、清洁家电、美容保健家电、通风家电、制冷家电、家电配件等十几大领域。其中，厨房家电、清洁家电、日用小家电和家电配件四大类产品已在国内外市场颇具影响力。除传统家电产品外，智能家电产品的研发不断加快，智能吸尘器、节能电暖器、智能宽电压电磁炉、环保电热水杯等一批具有较高技术含量、高附加值的新型日用小家电产品陆续投放市场。

三、骨干企业

截至 2013 年，区内家电产业企业数量 3034 个，销售收入排名前五位的企业依次是：

帅康集团有限公司，前身是余姚市调谐器配件厂，创建于 1984 年，2013 年销售收入 14.03 亿元，主导产品为吸油烟机、电热水器；

宁波富达股份有限公司，创建于 1989 年，是中国吸尘器行业第一家上市公司，2013 年销售收入 13.27 亿元，主导产品为吸尘器；

宁波富佳实业有限公司，创建于 1997 年，2013 年销售收入 10.18 亿元，主导产品为吸尘器、移动空调、冰激凌机；

浙江亿达控股集团公司，创建于 1994 年，2013 年销售收入 8.64 亿元，主导产品为慢炖锅、电热毯、电热垫；

浙江朗迪集团股份有限公司，创建于 1998 年，2013 年销售收入 6.46 亿元，主导产品为空调类风叶、暖通类风机、工业装备类风机、商用类风机。

四、存在问题

1. 生产要素和环境制约因素显现。随着余姚市工业经济的迅速发展，工业建设用地的需求大大增加，生产要素紧张的问题日渐突出。与此同时，高标准的环境保护在保证余姚市工业经济可持续发展的同时，也给家电企业带来了生产成本加大的挑战。

2. 高素质专业人才稀缺。受困于城市规模较小，缺少大学和科研院所的支撑，科研人员、工程技术人才的供应不足，人才的储备仍比较薄弱，人才数量的增长远远跟不上家电产业规模扩大的速度，高学历、高层次、复合型的技术带头人才相当短缺，高级技工、工程师、专业设计人员缺口很大，导致产业研发、技术创新力量不足，人才的稀缺在一定程度上制约了余姚家电产业的发展。

3. 自主创新能力薄弱。家电行业在发展海外市场过程中，企业是否拥有专利产品尤为重要。余姚家电的主导产品多数是较为成熟的家用电器，创新升级的空间有限，新产品主要以实用新型和外观设计为主。中小企业往往缺乏必要的研发能力，大多采取低成本的模仿策略，这直接导致各企业间差异化程度较低，产品同质化明显，山寨仿冒现象层出不穷，对整个余姚家电的对外声誉和形象产生了一定的不利影响。

4. 国际贸易壁垒明消暗强。国外部分国家为了保护本国的产业发展，设置的各种贸易壁垒趋于更加隐蔽、难以预判，对余姚家电产品的出口造成了一定的阻碍。出口导向的劳动密集型企业外销压力加大，继续保持家电产品出口高速增长的难度明显增强。

展　望　篇

第十五章　2015年中国消费品工业发展环境展望

第一节　整体发展环境展望

一、发展面临的国内外环境更加复杂

从国际上看，全球经济风险加大。2014年10月30日，美联储宣布退出宽松货币政策，在此影响下国际市场发生了较大变化，给未来全球经济发展带来不确定性。一方面，全球资本流动性方向逆转，为应对资本回流带来的影响，欧洲央行宣布启动资产购买计划，资产负债规模将在未来两年中增加1万亿，日本也继续实施货币宽松政策推动日元贬值以应对通缩。短期来看，这些政策能够在一定程度上振兴本国经济，但是长期可能导致国内产能过剩，影响经济良性发展。另一方面，在美元维持升值势头的影响下，国际大宗商品价格下跌，部分资源出口国受到冲击，导致经济复苏受压。另外，新兴经济体需要展期的债务达到1.68万亿美元，美元升值将会显著增加新兴经济体债务展期成本，金融风险随之升温。

从国内看，宏观经济环境更加复杂。首先，我国经济面临"三期叠加"。我国经济正处于增长速度换挡期、结构调整阵痛期、前期刺激政策消化期的"三期叠加"阶段，经济步入新常态，下行风险不减，整个宏观经济增长动力不足，GDP增速进一步下降概率较大，与其他产业关联度较高的消费品工业难以置身事外。其次，我国整体经济增长将放缓。尽管国内对今年GDP增速维持7%以上充满乐观，但IMF、WB等国际组织并不看好。IMF预测今明两年我国GDP增速分别为6.8%、6.3%，WB预测今明两年我国GDP增速分别为7.1%、6.9%。

二、扩内需政策有利于消费品工业的持续增长

面对国际经济复杂多变和国内经济下行压力无实质性缓解的严峻形势，消费需求已成为"稳增长、调结构、惠民生"战略的政策着力点。2014年7月29日，中共中央政治局会议明确指出，要努力扩大消费需求，发挥好消费需求的基础性作用。会议指出，要努力扩大消费需求，发挥好消费的基础作用，完善消费政策，不断释放消费潜力。要努力稳定对外贸易，落实完善促进外贸发展政策，坚持积极有效利用外资，有力推动出口升级和贸易平衡发展。要加快推进经济结构调整，落实国家新型城镇化规划。

党的十八大提出，要坚持走中国特色新型城镇化道路，推动工业化和城镇化良性互动、城镇化和农业现代化相互协调，促进工业化、信息化、城镇化、农业现代化同步发展。新型城镇化战略作为未来我国经济增长的主要动力之一，释放出的内需潜能将为消费品工业提供广阔的市场。城镇化将带来居民收入水平的提高，随之带来消费能力的提升。城镇化也将带来居民消费倾向的改变，农村居民在非生活必需品，如衣着、家庭设备等方面需求将有效释放。据测算，城镇化率每年提高0.8个百分点，每年可增加消费约1.2万亿元；此外，政府采购清单也将有所调整，将刺激新的消费增长点。

三、社会环境因素变化带来的消费观念和消费结构变化

首先是要素供给结构发生重大变化。伴随着观念上的巨大变化，我国的出生率持续下降，刘易斯拐点提前到来，人口老龄化步伐加快，人口红利正在稀释，劳动力市场逐年承压，多年以来支撑我国消费品工业发展快速发展的动力正在快速削弱，人口大国的劳动密集型的轻纺工业发展面临着"用工荒"的困境。同时，随着城镇化的快速发展，我国耕地资源短缺加剧，粮食、油料、棉花等重点消费品原料的供给保障面临挑战，价格波动加剧。除了劳动力和原材料外，我国消费品工业发展面临的生态环境要素约束也在升级，节能、减排、降耗压力较大。面对要素供给结构的大变化，消费品工业必须加快转型升级，走集约式发展之路。同时，也要求我国的消费品企业尽快提升全球范围内整合资源的能力，加快"走出去"的步伐。

其次是收入水平持续增长，消费结构快速升级。按照《中华人民共和国国民经济和社会发展第十二个五年规划纲要》确定的目标，到2015年，我国城镇居

民人均可支配收入和农村居民人均纯收入将分别达到 26810 元、8310 元。随着居民收入水平提高，同时社会保障水平不断提高，居民消费结构逐渐以生存为主的温饱型转向小康型的消费模式，医疗保健、教育、旅游、信息消费等消费比重将逐步增加。同时，"十三五"期间，在党中央、国务院持续改善民生和大力促进就业的战略导向下，城乡居民的收入增长预期会进一步强化，这会对消费的增长以及消费结构升级起到推动作用。

四、新兴业态发展会进一步提速

电子商务会持续快速发展。2013 年"双十一"350 亿元，2014 年"双十一"571 亿元。我们能预计 2015 年"双十一"交易额吗？ 2014 年上半年，我国网上零售额占社会消费品零售总额比重已超过 10%，网购消费者总数已达到 3.3 亿人，网购普及率达到 52.5%。2014 年，我国网上零售市场交易规模预计将达到 2.86 万亿，较 2013 年增长 45%。2015 年，电商会呈现两大特点：一是农村电商将成为新增长点。目前，阿里、京东等企业已积极展开对乡县市场的布局。二是新兴领域成为消费新亮点。目前，传统优势品类（3C，家电，服装，出版物）的发展已接近饱和，进一步增长的空间有限，未来，母婴、生鲜、汽车、医药等，或将成为网络消费市场的新亮点。

新型消费业态融合与创新加快。互联网、物联网、大数据、电子商务等领域的快速发展推动了新型消费业态的融合与创新。就移动网购看，截至 2014 年 6 月，我国手机网购人数已达到 2.05 亿人，普及率高达 38.9%，较 2013 年末增长 10%。2014 年天猫"双十一"当天，移动交易额达到 243 亿元，占总交易额的 42.6%，是 2013 年移动交易额的 4.5 倍。与此同时，"双十一"期间还吸引了 317 家百货门店、1111 家餐厅以及优酷、微博、高德地图、ISV 软件、淘女郎等众多新媒体的参与，各种消费业态融合发展势头强劲。

第二节 产业政策环境展望

一、产业政策助推医药和乳粉两大行业整合加速

按照食药总局的要求，药品生产企业血液制品、疫苗、注射剂等无菌药品的生产，必须在 2013 年 12 月 31 日前达到新版药品 GMP 要求；其他类别药品的生

产均应在 2015 年 12 月 31 日前达到新版药品 GMP 要求。未达到新版药品 GMP 要求的企业（车间），在上述规定期限后不得继续生产药品。受此影响，目前全国 1319 家无菌药品生产企业中的 796 家已获得新修订药品 GMP，余下的 523 户企业已经停产。截止到 2014 年底，约三成以上未通过认证的企业将面临生死大考。

按照《推动婴幼儿配方乳粉企业兼并重组工作方案》，到 2015 年底，年销售收入超过 20 亿元的大型婴幼儿配方乳粉企业集团达到 10 家左右，前 10 家企业的行业集中度达到 65%。从目前看，虽然行业集中度目标已经实现（65.7%），销售收入过 20 亿元也已经达到 11 户。但接下来的兼并重组工作压力依然较大：一是尚无明确的支持措施，各地方工作推进乏力；二是国内外生鲜乳价格进一步扭曲，养殖环节会进一步拖累兼并重组。

二、促进中西部投资为消费品工业发展提供机遇

近年，随着西部大开发、中部崛起、东北老工业基地振兴规划、"一带一路"经济带的逐步实施和一系列优惠政策的不断落实，内陆及沿边地区的开放程度不断提升，外商及一大批跨国企业融入程度提高，为这些地区的消费品工业发展注入了新的活力。2014 年 8 月，国家发展和改革委员会发布了《西部地区鼓励类产业目录》（以下简称《目录》)。《目录》的实施，将对中国西部地区提高利用外资质量和水平，提高对外开放水平，促进产业结构调整和引导外资利用当地优势资源具有积极作用。《目录》新增了西部地区鼓励类的产业，其中涉及消费品行业的多项领域，如四川的中药溯源电子码技术开发及应用，贵州的民族工艺品加工生产，云南的先进适用的制药及生物制剂成套设备制造，甘肃省和青海省的清真食品加工等。

三、受政策驱动医疗健康服务需求快速增长

从未来看，我国医疗健康服务消费将呈现高速增长态势。第一，我国卫生费用支出空间巨大。1990—2012 年间，我国卫生费用总支出增加了 36 倍，但占 GDP 的比重仅从 4% 提高到了 5.4%，与发达国家 10%—20% 的比重相比尚有很大的空间。第二，我国人口城镇化和老龄化的趋势将促使我国医疗、养老、健康管理等大健康消费需求加速增长。预计 2020 年我国 65 岁以上老年人比例将达到 30%，城镇人口达到 60%，我国健康服务业总规模将达到 8 万亿元。第三，由于环境、饮食结构的变化导致各种慢性疾病患病率的提升，推动医药需求的持续快

速增长。WHO预测，到2015年我国慢性病造成的直接医疗费用将达到5000多亿美元。第四，国家加快发展健康服务业的战略举措将刺激医疗健康服务产业投资增长和产业规模的不断壮大《国务院关于促进健康服务业发展的若干意见》(国发〔2013〕40号))。最后，受基本医疗保障力度的加大、城乡大病医保的全面铺开以及新型城镇化建设的推进，医疗健康服务业发展前景广阔。

四、传统产业与新兴产业分化明显

传统产业面临较大压力，新兴产业发展势头强劲。在2014年工信部下达的淘汰落后产能任务中，造纸、制革、印染、化纤、铅蓄电池五个领域要分别完成265万吨、360万标张、10.84亿米、3万吨、2360万千伏安时的淘汰落后任务，存在较大的压力。同时，根据《2014—2015年节能减排低碳发展行动方案》，印染、化学原料药、食盐等行业清洁生产以及消费品工业多数领域的燃煤锅炉改造也面临不小的压力。与传统产业形成鲜明对比的一些新兴产业如生物医药、医疗器械、高端食品/保健品、高性能纺织纤维等产业将实现快速发展。以医疗器械为例，2014版国家《医疗器械监督管理条例》与2000版的相比发生了明显的变化：一是产品注册顺序由原来的"先申请注册，后申请生产许可证"改为"先申请许可证，后申请注册"，这一变化使得企业在申请注册前无须前期投入资金搞生产基地及GMP认证；二是一类医疗器械由原来的注册管理改为备案管理有利于一类医疗器械的发展，另外两类医疗器械的注册审批权也在不断由省区市向下下放；三是产地变更后无须重新申请注册有利于投资和招商；四是对附加值较高的三类医疗器械的风险评价要求有所下降。

第十六章　2015年中国消费品工业发展走势展望

第一节　整体运行走势

一、生产增速小幅下滑

进入 2015 年，随着国内经济结构调整压力的加大，消费品工业生产增速将继续出现小幅下滑。一是我国经济基本面运行预期仍将继续放缓，维持"中高速"增长。二是出于国内消费不振和人民币升值预期，企业面临通缩压力，出厂价格指数低于预期，企业家信心也不及往年。三是企业去库存、去产能、资金回笼的压力增加，部分行业库存的增速已经高于生产增速。四是随着对商业银行监管更趋严格，商业银行将加强对风险资产的控制，企业获得贷款的审批条件将更为严格，这对以中小企业为主的消费品行业尤为不利。预计，2015 年我国轻工行业增加值增速为 8%，医药行业增加值增速为 13%，纺织行业增加值增速为 7%。

二、出口增速小幅回升

进入 2015 年，世界经济温和复苏，我国消费品工业出口交货值增速将小幅回升。国际货币基金组织预测 2015 年全球经济增速将为 3.8%，高于 2014 年 3.4% 的预期。在美国，经济复苏势头强劲，就业数据持续改善，美联储退出量化宽松政策，美元进入加息周期，强势美元还将持续，人民币汇率升值压力减轻，这将带动我国消费品工业产品的出口。预计，2015 年我国轻工行业的出口交货值增速可望达到 8% 左右，医药行业的出口交货值增速会达到 7%，纺织行业的出口交货值增速可望达到 5%。

三、内需有望进一步扩大

进入 2015 年，预计我国消费品工业固定资产投资增速整体上会延续 2014 年态势，并有望出现小幅反弹。第一，随着我国在保障房建设、基础设施、医药卫生等领域扩内需政策的进一步实施，政策对内需的拉动作用逐渐加大。第二，单独二胎将助力母婴快消品市场的扩容，二胎政策放松后将推动儿童相关和生育服务相关消费，预计未来五年儿童相关消费的年均复合增长率将达 22%。第三，新型城镇化相关政策为消费注入新动力。新型城镇化政策将缩小城乡收入差距，释放广大农村市场消费需求。

预计，2015 年我国消费者信心指数的平均水平将达到 110，社会消费品零售总额全年增速可达到 13%。固定资产投资方面，食品行业中，农副食品加工业、食品制造业、酒、饮料和精制茶业固定资产投资增速将分别达到 15%、20% 和 20%；纺织行业中，纺织业和纺织服装、服饰业将分别达到 13% 和 20%；医药制造业固定资产投资增速将达到 20%。

第二节　重点行业发展走势展望

一、医药

（一）国内发展环境总体有利

2015 年，我国宏观经济运行将会更趋稳健。医药工业自身内生性发展动力充足，环境外源性发展推力强劲，全面深化改革、新医改深入推进等有利的政策形势将促进医药工业的持续快速发展。

新一轮经济体制改革释放利好市场力量。十八届三中全会作出全面深化改革的若干重大问题的决定，提出了坚持市场主导和简政放权的经济体制改革原则，市场活力增强，企业自主发展的空间加大。证券市场 IPO 重启，为一批中小医药企业融资开辟了通道。新人口政策带动人口出生率增长，预计每年新增人口 600 万左右，医药市场需求增长。国务院《关于促进健康服务业发展的若干意见》提出 2020 年健康服务业总规模 8 万亿的发展目标，鼓励民营资本进入医疗健康领域，大力发展相关产品，将会带动医药工业新一轮发展高潮。

新医改继续深化助推医药市场规模扩大。按照医改规划，到 2015 年，城镇居民医保和新农合政府补助标准提高到每人每年360元以上，较2010年、2012年分别提高200%和50%；职工医保、城镇居民医保、新农合政策范围内住院费用支付比例均达到75%左右；城镇居民医保和新农合门诊统筹覆盖所有统筹地区，支付比例提高到50%以上。大病医保商业保险将扩大试点。新一版国家医保目录按计划将在2014年底进行调整，医保产品将会扩容。上述各项政策都将促进药品需求较快增长。

（二）医疗器械行业迎来春天

医疗器械领域的生物医学工程产业（高性能医学诊疗设备工程）属于战略新兴产业的重要组成部分，国家设立了新兴产业创业投资引导基金，对行业无疑是重大利好。特别是新版《医疗器械监督管理条例》已经于2014年6月1日施行，其效应将会在今年集中显现。与2000版的相比，2014版的条例发生了明显的变化：一是产品注册顺序由原来的"先申请注册，后申请生产许可证"改为"先申请许可证，后申请注册"，这一变化使得企业在申请注册前无须前期投入资金搞生产基地及GMP认证；二是一类医疗器械由原来的注册管理改为备案管理有利于一类医疗器械的发展，另外两类医疗器械的注册审批权也在不断由省区市向下下放；三是产地变更后无须重新申请注册有利于招商引资；四是对附加值较高的三类医疗器械的风险评价要求有所下降。此外，医疗卫生体制改革助推需求增长。一是二三线尤其是基层医疗机构发展得到重视，有利于国产医疗器械的推广运用；二是医疗器械政府采购将进一步得到强化，有利于国产医疗器械行业的发展。

（三）部分政策对医药工业发展产生阶段性负面影响

医保费用总额控制和预付制逐步扩大试行，从长远看对促进合理用药、保障医保资金运行安全、促进医药企业理性发展有利，但短期内对医药需求抑制作用明显，2013年城市医院用药金额增长放缓已有所反映。另外，各地招标采购降价、覆盖面越来越大的药房托管和二次议价、中成药等品种调整国家指导价、规定各级医疗机构基本药物使用比例、以药品零差率销售为特征的县级公立医院改革等，都对医药工业增长产生一定负面作用。

总体来看，2015年，我国医药工业快速增长的驱动力仍然持续，但受国际市场出口增长乏力，国内医保控费、降价议价，以及医药工业自身存在的诸多问题影响，预计2015年我国医药工业增长会有所放缓，销售收入增速会维持在

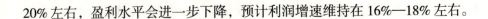

20%左右，盈利水平会进一步下降，预计利润增速维持在16%—18%左右。

二、纺织

（一）生产增速低位运行

进入2015年，受内外不利因素影响，纺织工业生产增速将维持现有低位运行状态。一方面，2015年全球经济增长疲软的可能性进一步增大，国际货币基金组织对各主要经济体2015年GDP增速的预测值普遍低于2014年，外需对生产的拉动作用将进一步减小。另一方面，由于"双十一"透支了未来一段时间内的消费需求，2015年上半年内需对生产的拉动作用也十分有限。预计，2015年纺织工业生产增速将维持在7%左右。其中，在行业结构调整的影响下，化学纤维制造业工业增加值增速会出现明显下滑；纺织服装服饰业经过两年多的调整，有望进入稳步增长阶段，生产增速将小幅回升；纺织业生产增速不会出现太大波动。

表 16-1 2013—2015 年主要经济体实际 GDP 增速及预测

区域和国家	2013年	2014年	2015年
全球	3.3%	3.3%	3.8%
发达经济体	1.4%	1.8%	2.3%
欧盟	0.2%	1.4%	1.8%
亚洲发展中国家	6.6%	6.5%	6.6%
拉美及加勒比地区	2.7%	1.3%	2.2%
中东和北非	2.3%	2.6%	3.8%
南部非洲	5.1%	5.1%	5.8%
中国	7.7%	7.4%	7.1%

数据来源：IMF, World Economic Outlook Database, October 2014。

（二）出口增速小幅反弹

进入2015年，我国纺织工业出口将在现有基础上小幅反弹。一方面，欧美日等我国纺织工业传统出口市场经济持续复苏，"新钻十一国"经济走势良好，国际市场需求相对稳定。国际货币基金组织预测，2015年发达经济体以及新兴市场的货物进口量将较2014年上升1.1个和1.7个百分点。另一方面，在国家大力推进丝绸之路经济带、海上丝绸之路、中缅孟印经济走廊建设，着力打造中国—东盟自贸区升级版的助力下，纺织工业的对外出口将迎来新机遇。预计，2015年纺织工业出口交货值增速将会反弹至 3.5% 左右。各行业中，纺织服装服饰业出口交货值增速回升最为明显，纺织业和化学纤维制造业的出口增速则变化不大。

表 16-2　2013—2015 年主要经济体货物进口量增速预测

区域和国家	2013年	2014年	2015年
发达经济体	1.3%	3.4%	4.5%
其中：欧元区	0.4%	3.6%	4.0%
美国	0.9%	3.9%	5.4%
日本	1.0%	2.1%	4.2%
韩国	4.3%	3.4%	7.7%
新兴市场和发展中国家	4.8%	4.5%	6.2%
其中：俄罗斯	3.3%	−4.1%	0.8%
印度	−4.6%	8.5%	9.0%
巴西	8.6%	1.1%	2.8%
亚洲发展中国家	5.5%	6.5%	7.4%
其中：东盟五国	4.3%	3.7%	7.7%

数据来源：IMF, World Economic Outlook Database, October 2014。

（三）投资增速结构性减缓

进入 2015 年，纺织工业固定资产投资规模持续扩大，但增速仍将进一步回落。一方面，由于我国经济增长正处于"增长速度换挡期、结构调整阵痛期、前期刺激政策消化期"三期叠加阶段，为消除行业产能过剩带来的不利影响，纺织工业固定资产投资的结构性减速具有一定必然性。另一方面，在宏观经济下行压力影响下，2014 年 4 季度工业企业家信心指数为 115.1，创 2013 年 4 季度以来新低，一定程度上抑制了企业的投资热情。预计，2015 年纺织工业固定资产投资增速将进一步回落至 10% 左右，各子行业固定资产投资增速也将出现不同程度的下滑，其中化学纤维制造业投资增速可能出现负增长。

（四）中西部地区进一步崛起

进入 2015 年，中西部地区对全国纺织工业的贡献率将进一步提高。一方面，经过几年的建设，中西部地区基础设施和配套产业建设相对完善，承接东部地区产业转移的能力稳步增强。另一方面，随着国务院《物流业发展中长期规划(2014—2020年)》以及《国务院办公厅关于多措并举着力缓解企业融资成本高问题的指导意见》等政策的持续推进，中西部地区物流成本和企业融资成本逐渐降低，加之劳动力市场依然承压，劳动密集型的纺织服装服饰业、劳动与原料密集型的纺织业向原料相对丰富、劳动力成本相对较低的中西部地区转移的趋势将进一步增强。

三、轻工

(一)整体呈现平稳增长态势

2015年，随着人均可支配收入的不断增加，我国消费者对轻工行业产品需求将进一步扩大。在扩大内需、新型城镇化等各项政策效果逐渐显现的大背景下，市场和政策环境不断优化，轻工行业将面对更加有利的发展机遇。但同时，由于原材料和劳动力成本不断上涨、部分轻工产品的价格优势逐渐丧失，再加上海外市场不断萎缩、贸易壁垒不断提高、科技创新能力低、品牌附加值不高、中小企业融资困难等突出问题，使我国轻工行业发展面临着严峻的挑战。预计2015年轻工行业生产增速基本保持稳定。

(二)行业间分化加剧

2015年，轻工行业发展将进一步呈现格局分化。从行业规模看，随着国家抑制产能过剩，淘汰落后产能政策的不断深入，印染、化纤、酒精、味精、柠檬酸、造纸、皮革、铅蓄电池等行业的市场进入条件将不断提高，轻工行业中生产技术落后、产能低下的企业将逐渐被淘汰，个别产业规模增长速度减缓。而诸如乳制品、家电制造等行业，由于受到市场需求的刺激将快速增长，产业规模差距将进一步加大。

从产业结构看，在诸如婴幼儿乳粉、造纸、家电、塑料、家具、皮革、铅蓄电池等规模效益显著的行业，国家将积极推进跨地区、跨所有制兼并重组，提高产业集中度。同时，国家将对现有生产企业进行技术升级，帮助企业提升竞争力，对具有自主知识产权、自主品牌的骨干企业进行扶持，培养一批具有国际影响力的跨国企业集团。鼓励中小企业向"专、精、特、新、优"方向转变。技术装备落后、能耗高、环保不达标等企业将会被淘汰。

从产业布局看，轻纺产业布局调整将进一步加快，产业转移将根据不同地区发展要求和具体行业特点不断进行。东部沿海不断发挥技术、资金等优势，不断承接国外先进产业转移，而中西部地区利用资源和劳动力优势，不断承接传统轻工产业。例如，主要家电产品的研发和制造将由珠三角、长三角和环渤海等地区向本区域内有条件地区和中西部地区转移；冰箱、空调、洗衣机等家电行业重点产品的研发、制造、集散，将逐步聚集在东部沿海地区。

（三）外贸出口有所回升

2014年，我国轻工产品出口除了印刷和文教体育用品保持较快增速外，其他行业出口增速较2013年同期有明显回落，特别是酒、饮料、造纸以及农副食品加工业出口增速下滑最为明显。2015年，在各国新一轮宽松货币政策的刺激下，世界经济形势将有所好转，我国轻工产品出口整体形势将逐渐好转。打造东盟自贸区升级版以及自贸区谈判，丝绸之路经济带、21世纪海上丝绸之路，孟中印缅、中巴经济走廊建设等战略的推进落实。

为了避免人民币汇率不断升值和贸易壁垒所带来的衰退风险，我国轻工业外贸出口将坚持实施出口多元化战略，一方面应对贸易摩擦，巩固美、欧、日等传统国际市场；另一方面积极开拓中东、俄罗斯、非洲、北欧、东南亚、西亚等新兴市场，这将保证我国轻工业出口在多变的国际形势下保持平稳的增长。

第三节　重点区域发展走势展望

一、东部地区

（一）生产增速小幅反弹

中国经济目前呈现新常态特征，经济发展进入中低速增长阶段，东部地区消费品工业生产增速也逐年放缓。2015年，国内经济企稳回升，居民消费需求稳步提升，固定资产投资有望加速。因此，对市场最为敏感的东部地区工业生产将在现有基础上出现反弹，但由于经济大环境依然处于缓慢复苏的过程，生产反弹幅度不大。预计，2015年东部地区纺织工业和医药工业生产增速将有明显提高，轻工和食品工业生产增速变化不大。

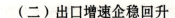

（二）出口增速企稳回升

由于国际宏观贸易环境日趋严峻，加之人工短缺、用工成本攀升以及原材料价格上涨，东部地区的出口竞争优势大幅削弱，出口增速明显放缓。全年趋势来看，在国家简化出口退（免）税行政审批流程、完善补充零税率应税服务退（免）税、扩大试启运港退税便捷企业通关、放开融资租赁货物出口退税、促进外贸综合服务企业发展等促出口政策的推动下，全年出口交货值增速呈现明显上扬趋势。预计，2015年东部地区消费品工业出口增速将企稳回升。其中，由于纺织中间产品和医药原料药需求的增加，纺织工业和医药工业出口增速将明显回升，轻工业和食品工业出口交货值出口增速也将在现有基础上微幅反弹。

（三）总体效益状况出现转好

从盈利情况来看，东部地区消费品工业显现出较强的盈利能力。2014年，东部地区销售利润率虽低于全国平均水平，但表现出稳中有升的态势，资本增值能力持续增强。截至2014年底，东部地区消费品工业销售利润率为6.2%，高于年初0.7个百分点，涨幅好于全国水平。从亏损情况来看，2014年东部地区消费品工业亏损面较之上年同期有所缓解，但亏损深度进一步恶化。预计，2015年在全行业加快结构调整和转型升级步伐的努力下，东部地区消费品工业亏损情况较之上年同期显著缓和。

二、中部地区

（一）生产增速小幅回升

受国际需求下滑、原料价格波动和国家货币政策收紧等因素的影响，2014年中部地区消费品工业的生产受到了明显的影响，服装、皮革、家具等传统的出口优势行业的工业增加值增速出现了明显的回落。2015年，虽然国际需求形势尚不明朗，但因国家的宏观调控可能会出现微调和预调，棉花等主要消费品工业原料价格进一步趋稳，消费品工业的整体生产增速将出现一定的回升，但增速不会太明显。

（二）出口平稳缓慢增长

因国际经济环境恶化，2014年，中部地区消费品工业的出口受到了明显的影响。多数消费行业的出口增速呈现快速回落之势。考虑到欧美市场的持续疲软和出口退税政策上调可能性不大，2015 年我国消费品工业的出口虽有所增长，但增幅会出现小幅的回落。其中，纺织工业受益于棉价稳定增速反弹，出口交货值增速可望达到 20%；因食品消费刚性和泰国洪灾等影响，轻工行业的出口增速会明显回升，出口交货值增速可望达到 25% 左右；文教、塑料、家具、纸制品等行业出口增速会出现进一步的回落，预计增速 10%—15% 之间；医药工业的出口会持续增长，预计出口交货值增速会达到 20%。

（三）内需进一步扩大，但结构性反差显现

随着国家扩大内需战略的进一步实施，消费者的信心将会逐步回升，消费信心回升会带来消费品工业内需的增长。从 2014 年 6 月以来，社会消费品零售总额同比增长率已经达到 17.2%，出现了反弹迹象。预计，2015 年社会消费品零售总额会出现 18%—19% 左右的增速，但对不同行业或产品而言，内需增长会出现结构性反差。

三、西部地区

（一）借助"一带一路"战略，继续加快发展相关产业

西部地区是"一带一路"战略的主要参与者和最大受益者，契合西部地区各省区市的共同发展需求，为西部地区发展注入了新的活力，有利于推动西部地区消费品相关产业的转型升级。丝绸之路经济带在我国的范围大致包括西北地区的陕西、甘肃、青海、宁夏、新疆等五省区，西南地区的重庆、四川、云南、广西等四省区市，随着我国"一带一路"战略的不断推进，这些省区市对外经贸合作会继续深入，相关消费品产业将加快发展。

（二）依托农业、畜牧业等资源优势，发展特色消费品产业

西部省份普遍具有农林、畜牧业等资源优势，2015 年，西部各省份将凭借特有资源和地域特色发展特色消费品工业。宁夏、青海、甘肃、新疆等穆斯林聚居省份将大力发展清真产业，宁夏正在正全力打造国内最大的清真食品和穆斯林用品集散地，区内银川、吴忠的国内外影响力显著提升；青海将继续大力发展清真食品、穆斯林用品和清真餐饮等产业；甘肃的清真餐饮全国各地开花，临夏清真产业集群快速发展。重庆将依托千万亩优质粮油基地、千万亩蔬菜种植基地、70 个优质肉猪、草食牲畜、家禽等生产基地，按照"公司 + 基地 + 农户"利益

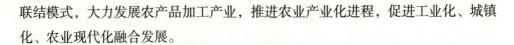

联结模式，大力发展农产品加工产业，推进农业产业化进程，促进工业化、城镇化、农业现代化融合发展。

（三）积极承接东部产业转移，促进产业资源整合

"十一五"以来，为优化产业布局，缓解东部沿海地区工业化进程中的资源与环境压力，促进区域协调发展，国家开始大力实施产业转移战略。2013年，中国轻工业联合会分别与青海、甘肃、宁夏等省区签订战略合作协议，促进相关产业企业落户投资。2015年，西部各省将继续加快承接东部消费品工业转移的步伐。青海省提出凭借特色的农产品资源、相对廉价的劳动力以及国家西部大开发的政策优势，承接劳动密集型的轻纺工业、资源依赖性的农产品加工业，并通过引进省外藏毯生产企业加速对省内企业的重组整合。甘肃提出积极承接产业转移，提高皮革、毛皮深加工能力，提高终端产品比重，延伸产业链；通过加强与国药集团的战略合作，引进战略投资者，兼并重组省内有发展潜力的制药企业。重庆将把握国际及东部产业梯度转移趋势，大力发展钟表、眼镜、自行车、文化 / 生活用纸等空白产品和薄弱产品。

四、东北地区

（一）依托农业区位优势，继续发展特色食品加工

凭借良好的气候条件和土地资源优势，食品工业已成为东北地区消费品工业的主导产业，大米、乳制品等食品优势明显，酒、饮料和精制茶等食品出口优势显现。利用其农业资源丰富优势，因地制宜地将食品工业作为区域主导产业推进，强化品牌建设，推进产业布局调整。通过继续加强区域国际合作，带动食品加工业发展。

（二）通过研发创新，大力发展生物制药

东北地区医药资源丰富，是我国北方中药材主产区，科研实力雄厚，拥有一批实力较强的医药创新和研发机构，并形成了哈药集团、修正药业和东北制药集团为代表的一批知名医药企业集团。近年来，生物制药始终保持较快的发展速度，是拉动东北医药行业增长的主力。2015年，这一情况仍将保持，辽宁成大生物、沈阳三生、锦州奥鸿等拥有技术、产品优势的领军企业将进一步发展，在狂犬疫苗、基因工程药物和生化药物领域的优势将更加明显。

（三）通过转型升级，加快东北纺织产业发展

近年来，东北纺织行业产业集群发展势头良好。东北地区拥有特色原料资源、产业基础和资源枯竭型城市的富余劳动力，2015年，东北地区将结合东北老工业基地振兴战略，发展优势纺织产业。进一步扩大亚麻种植基地，发展特色纺织品，发展劳动密集型的服装加工业和袜业，并结合远东地区的边贸需求发展纺织服装加工业。结合当地石油化工、农林等资源，承接东部化纤产业的转移。2015年，东北各省份将在纺织产业集群发展规划的基础上，引进项目、建设公共服务平台等，使服装产业集群效应不断显现。并且，大力发展自主品牌服装，逐步形成一批具有一定市场知名度的高档服装品牌。

后　记

为全面展示过去一年国内外消费品工业的发展态势，深入剖析影响和制约我国消费品工业发展面临的突出问题，展望未来一年的发展形势，我们组织编写了《2014—2015年中国消费品工业发展蓝皮书》。

本书由王鹏担任主编，内容分工如下：闫逢柱负责书稿的整体框架设计，并撰写第一章。第一章和第八章由李向阳负责撰写，第二章、第十五章和第十六章由代晓霞负责撰写，第三章、第四章和第七章由姚霞负责撰写，第五章、第九章由陈娟负责撰写，第六章由曹慧莉负责撰写，第十章、第十四章由蒋国策负责撰写，第十一章由符一男负责撰写，第十二章由于海龙负责撰写，第十三章由苏勇负责撰写。陆安静参与其中部分章节撰写。

在本书的撰写过程中，得到了工业和信息化部王黎明总工程师，消费品工业司高延敏副司长、吴海东副司长、王伟副司长、高伏副巡视员、汪敏燕副巡视员、王小青处长、李宏处长、吕志坤处长、曹学军处长、郭翔处长、孙平调研员等诸位领导的悉心指导和无私帮助，在此表示诚挚的谢意。

本书是目前国内唯一聚焦消费品工业的蓝皮书。我们希望通过此书的出版，能为消费品工业的行业管理提供一定的指导和借鉴。囿于我们的研究水平，加之撰写仓促，书中一定存在不少疏漏和讹谬之处，恳请各位专家和读者批评指正。

面向政府 服务决策

研究，还是研究
才使我们见微知著

信息化研究中心	工业化研究中心	规划研究所
电子信息产业研究所	工业经济研究所	产业政策研究所
软件与信息服务业研究所	工业科技研究所	财经研究所
信息安全研究所	装备工业研究所	中小企业研究所
无线电管理研究所	消费品工业研究所	政策法规研究所
互联网研究所	原材料工业研究所	世界工业研究所
军民结合研究所	工业节能与环保研究所	工业安全生产研究所

编 辑 部：赛迪工业和信息化研究院
通讯地址：北京市海淀区万寿路27号电子大厦4层
邮政编码：100846
联 系 人：刘颖 董凯
联系电话：010-68200552 13701304215
　　　　　010-68207922 18701325686
传　　真：010-68200534
网　　址：www.ccidthinktank.com
电子邮件：liuying@ccidthinktank.com